PLANIFICACION ESTRATEGICA

Gestión dentro de la Iglesia Local

DR. J HILARY GBOTOE JR.

Planificación Estratégica

Gestión dentro de la iglesia local

Dr. J Hilary Gbotoe Jr.

ARPress
ILLUMINATING IDEAS.
EMPOWERING VOICES

ARPress
45 Dan Road Suite 5
Canton MA 02021
Línea directa: 1(888) 821-0229
Número de fax: 1(508) 545-7580

Información de pedido:
Cantidad de ventas. Hay descuentos especiales disponibles en compras de cantidades por parte de corporaciones, asociaciones y otros. Para obtener más información, póngase en contacto con el editor en la dirección anterior.

Impreso en los Estados Unidos de América.

ISBN-13:   Tapa blanda   979-8-89389-452-3
              Libro electrónico   979-8-89389-453-0

Número de control de la Biblioteca del Congreso: 2025901517

Dedicatoria

Con humildad y honor, dedico este libro a todos los pastores y líderes eclesiásticos que se esfuerzan al máximo a pesar de los muchos desafíos.

También dedico este libro, con gratitud y amor, a mis padres. Su fe inquebrantable en Dios, unida a su empeño en que sus hijos (cinco chicos y cuatro chicas) reciban una educación de calidad, es asombrosa. Papá y mamá, son los mejores. Dieron más allá de sus posibilidades para que pudiéramos llegar a ser lo que somos hoy.

Por último, pero no por ello menos importante, dedico este libro a todos mis hijos, familiares y amigos que estuvieron conmigo en los momentos difíciles y me animaron a seguir adelante. Los quiero a todos. Tengo una deuda de gratitud con todos ustedes por creer en mí, por creer en la visión que el Señor me ha dado, y por ponerse a mi disposición en todo lo que pudieron para hacer realidad el libro. Gracias, y que Dios los bendiga.

Agradecimientos

Quisiera expresar mi reconocimiento a todos aquellos que de alguna manera han contribuido al éxito de este libro. El espacio no me permite nombrar a todos, pero sus esfuerzos y ánimos quedan constatados. A Mandy Keef por el excelente trabajo de edición del manuscrito. Agradezco su consideración, minuciosidad, críticas y comentarios positivos. A mis amigos que leyeron el manuscrito y me animaron a publicarlo, gracias por creer en mí. A mi encantadora, hermosa y compasiva esposa, Euphemia Dennis Gbotoe, por aguantarme y empujarme a continuar sin importar los desafíos. Gracias a todos por su paciencia y su amor.

Contenido

Prefacio

Este libro es el producto de análisis críticos e investigaciones. Se encuestó a unas 250 iglesias en un periodo de dos años. La idea de la encuesta se fundamentó inicialmente en la investigación necesaria para ayudar a potenciar a las iglesias en dificultades.

Las 250 iglesias tenían entre cincuenta y cuatrocientos feligreses. Las iglesias encuestadas eran de todas las confesiones (católicas y protestantes) y etnias. El 10% de las iglesias encuestadas eran católicas, el 20% protestantes no evangélicas y el 70% protestantes evangélicas. El 35% de las iglesias encuestadas se encontraban en comunidades rurales, el 40% en las afueras de comunidades urbanas y el 25% en comunidades urbanas. El 55% de las iglesias encuestadas se consideraban de etnia mixta, el 15% eran totalmente blancas, mientras que el 20% eran de etnia inmigrante africana y el 10% eran hispanas.

De las 250 iglesias encuestadas, alrededor del 12% tenía algún tipo de plan escrito para el crecimiento de la iglesia.

Alrededor del 79% nunca había pensado en un plan estratégico ni había considerado seriamente la idea. 12 iglesias afirmaron haber explorado la idea, pero nunca habían redactado o finalizado formalmente un plan estratégico por escrito. Lo que más me sorprendió fue que cerca del 78% de los pastores principales de las iglesias encuestadas tenían un máster o un título superior. Alrededor del 15% de los pastores había obtenido una licenciatura, y sólo el 7% carecía de un título universitario oficial.

De las estadísticas anteriores se desprende que la falta de educación formal no es un desafío en las iglesias de Estados Unidos, en comparación con las iglesias de África y de todo el mundo. Entonces, ¿por qué no crece la iglesia en Estados Unidos? ¿Por qué todas las investigaciones manifiestan que las iglesias locales en Estados Unidos están cerrando sus puertas a un ritmo alarmante? Este libro pretende abordar una importante (no la única) solución a este problema. Debe haber un plan estratégico intencional desarrollado e implementado por cada iglesia local que desafíe los supuestos comunes (no uno transmitido por una jerarquía denominacional como se discute más adelante).

Además, cada pastor local debe deconstruir de forma intencionada y honesta su estilo de liderazgo con el objetivo de convertirse en un líder que pueda atender de forma proactiva las necesidades de cada persona dentro de la comunidad en la que se encuentra la iglesia (más adelante en el libro se tratará la deconstrucción del estilo de liderazgo).

Es hora de que los líderes eclesiásticos se conviertan en pensadores críticos que no se limiten a recopilar información, sino que se centren en ella de manera que estimule un sondeo profundo. De hecho, el pensamiento crítico puede clasificarse como el resultado de profundas indagaciones unidas a un cuidadoso análisis y evaluación de los hechos (Ruggiero, 2004). Kirby y Goodpaster (2002) sostienen que lo que confiere al pensador crítico o al escritor «claridad, exactitud, conscientización [y] riqueza» (p. 7) es su habilidad para pensar creativamente. Así pues, mi mensaje a los pastores y líderes eclesiásticos es que ha llegado el momento de cambiar nuestro enfoque de liderazgo para mejorar la coordinación y la competencia. Podemos hacerlo utilizando plenamente la creatividad y la capacidad de pensamiento crítico que Dios nos ha dado.

Los grandes pensadores suelen influir en la sociedad para desafiar los supuestos comunes, mejorando así la forma de vida y transformando las comunidades. En todas las épocas, desde la preclásica hasta la posmoderna, los pensadores críticos han impulsado innovaciones desafiando los patrones de pensamiento tradicionales. Por ejemplo, fue el pensamiento crítico el que dio origen a la Reforma protestante. La mayoría de las veces, el pensamiento crítico es hijo del pensamiento creativo. Según Kirby y Goodpaster (2002), el pensamiento creativo es la «habilidad de mirar una cosa y ver otra» (p. 113). La creatividad es importante para el pensador crítico porque, al ser creativos, los pensadores pueden organizar adecuadamente sus pensamientos de forma estimulante y perspicaz. Los pensamientos críticos surgen de la creatividad, el razonamiento lógico, el análisis y las investigaciones. En esencia, el pensamiento crítico implica evaluar la información de forma analítica con el objetivo de emitir juicios y conclusiones que puedan conducir a la innovación, así como a desafiar los supuestos comunes. Hoy en día, el cuerpo de Cristo necesita grandes pensadores.

Introducción

El mundo experimenta hoy muchos desafíos, aparentemente más que en cualquier otro momento de la historia de la humanidad. Las empresas fracasan y quiebran. Los políticos no se ponen de acuerdo sobre lo que es mejor para sus pueblos y países. Los gobiernos de todo el mundo están quebrando debido a la corrupción de sus dirigentes y al agotamiento de sus recursos naturales. Las instituciones financieras fracasan estrepitosamente debido a la codicia y a prácticas poco éticas. La incertidumbre reina en todos los sectores de la sociedad y la industria. El desempleo sin precedentes parece ser la norma en todo el mundo.

Más preocupante que los desafíos a los que se enfrenta el mundo es el hecho de que la Iglesia parece ser menos atractiva para el mundo. Según la American Religion Identification Survey (2008), los cristianos practicantes en Estados Unidos descendieron del 86% en 1990 al 77% en 2001. Olson (2008), en su innovadora investigación de más de 200.000 iglesias, declara que unas 3.707 iglesias cerraron sus puertas cada año entre 2000 y 2005. Según el sitio web Keep God in America (2010), entre 3.500 y 4.000 iglesias cierran cada año en Estados Unidos, con un fuerte descenso de la asistencia dominical. Para empeorar las cosas, la Iglesia (católica y protestante, evangélica y no evangélica, anglicana y ortodoxa) es golpeada por todos lados con escándalos. Para colmo, algunos pastores y obispos se declaran gays y lesbianas. Algunas denominaciones están divididas sobre la ordenación de obispos gays y lesbianas. La cuestión es si la Iglesia puede ser relevante en un mundo lleno de desafíos y problemas.

Este libro trata de responder a la pregunta sobre la relevancia de la Iglesia en un mundo problemático. Sin embargo, este libro no trata del debate sobre la relevancia cultural o social, como se debate en muchos sectores de la Iglesia. Este libro no trata de cómo deben estructurarse los servicios de culto o cómo deben prepararse y pronunciarse los mensajes. Este libro no pretende tener todas las respuestas en cuanto a la relevancia de la iglesia hoy en día. El único mensaje de este libro es impulsar a la iglesia a tener un mayor impacto en el mundo a través del liderazgo estratégico.

Algunos dentro de la iglesia sostienen que el problema que tiene la iglesia hoy en día es un mundo que se está volviendo más secular y humanista. Argumentan que cualquier intento de hacer que la iglesia sea relevante diluiría el mensaje de la iglesia. Aunque este libro no pretende entrar en ese debate, su simple premisa es que todo se eleva y cae sobre el liderazgo.

El problema de la iglesia no es el secularismo o el humanismo. El mundo siempre ha tenido y tendrá una visión secular del mundo. Pero con un liderazgo estratégico, la iglesia puede tener un mayor impacto, restaurar su imagen y llegar a un mundo problemático con el mensaje de esperanza y gracia a través de nuestro Señor Jesucristo. Este libro pretende ser un estímulo y un recurso para el cuerpo de Cristo sobre cómo hacer que la iglesia sea más estratégica en su enfoque a la hora de hacer que la visión y la misión sean relevantes para el mundo. El capítulo 1 analiza la gestión estratégica como una necesidad en la iglesia local, no sólo a nivel de la jerarquía denominacional. El capítulo 2 es una perspectiva sobre el desarrollo histórico de los modelos de liderazgo y las lecciones que podemos aprender para que nuestra visión, valores y misión sean más relevantes sin diluir nuestro mensaje en un mundo problemático. En el capítulo 3 se aborda la extracción y el análisis de datos como guía para una planificación estratégica práctica y razonable. El capítulo 4 trata del impacto de la planificación estratégica en la iglesia local. En el capítulo 5, se hace hincapié en la comprensión de los paradigmas organizativos y la adaptación para maximizar la relevancia en un mundo posmoderno. El capítulo 6 trata sobre la formulación y aplicación de estrategias, y el capítulo 7 analiza cómo desarrollar un plan estratégico ganador.

Es mi oración y esperanza que este libro impulse al cuerpo de Cristo, sin importar la persuasión doctrinal, a obtener una ventaja para alcanzar al mundo con nuestros valores y mensaje. Es mi aspiración que este breve pero conciso libro de liderazgo posicione a la iglesia para planificar estratégicamente de manera que podamos tener el máximo impacto sin importar el alcance de nuestras visiones y misión.

Que la gracia de nuestro Señor Jesucristo te ayude mientras lees este libro, y que haya una impartición del Espíritu Santo mientras usas este libro como un recurso para planificar estratégicamente.

Capítulo Uno

Gestión Estratégica:
Una necesidad en la Iglesia local

"Porque ¿quién de vosotros, queriendo edificar una torre, no se sienta primero y calcula los gastos, a ver si tiene lo que necesita para acabarla? No sea que después que haya puesto el cimiento, y no pueda acabarla, todos los que lo vean comiencen a hacer burla de él, diciendo: Este hombre comenzó a edificar, y no pudo acabar. ¿O qué rey, al marchar a la guerra contra otro rey, no se sienta primero y considera si puede hacer frente con diez mil al que viene contra él con veinte mil? Y si no puede, cuando el otro está todavía lejos, le envía una embajada y le pide condiciones de paz".

— Lucas 14:28-32 RV

Nuestro Señor y Maestro Jesús enseñó la importancia de la planificación estratégica en la Escritura anterior. Sin embargo, muchos líderes de iglesias hoy en día están descuidando este importante principio bíblico para planificar adecuadamente.

No es de extrañar que la mayoría de nuestros programas sean limitados en su alcance y no puedan producir el máximo impacto en nuestras comunidades. No es de extrañar que la iglesia sea aparentemente menos atractiva para el mundo. El American Religion Identification Survey (2008), un estudio basado en la investigación publicado en 2009 indicó que los cristianos profesantes en los Estados Unidos disminuyeron del 86 por ciento en 1990 al 77 por ciento en 2001. La mayoría de los estudios basados en investigaciones revelaron que las iglesias cierran sus puertas a diario en Estados Unidos, y muchas están disminuyendo lentamente en todo el mundo. Olson (2008) en su investigación pionera de más de 200.000 iglesias declaró que alrededor de 3.707 iglesias cerraron sus puertas entre 2000 y 2005. Según el sitio web Keep God in America (2010), entre 3.500 y 4.000 iglesias cierran cada año en Estados Unidos, con un fuerte descenso de la asistencia dominical.

Basándonos en estas alarmantes estadísticas, existe la necesidad de un liderazgo estratégico dentro de la iglesia local. El liderazgo estratégico, tal como se describe en este libro, no consiste en tener conocimientos, dones o talentos. Los conocimientos, dones y/o talentos son cualidades importantes que pueden determinar la fortaleza y/o debilidad de un líder, pero no deben ser el único medio por el cual se juzgue la habilidad para liderar. El liderazgo estratégico no debe definirse en términos de carisma. La historia nos ha enseñado que los grandes líderes pueden ser «carismáticos o aburridos, generosos o tacaños, visionarios u orientados a los números» (Drucker, 2004, p.1). No importa cómo se defina un líder; un líder eficaz no cabe en una camisa de fuerza. Schaeffer (2002), destacando los rasgos del liderazgo, sugiere que «un líder autocrático a veces tiene que ser participativo, y un reformador a veces tiene que actuar como un autócrata» (p.1). Al considerar los distintos papeles que los líderes deben asumir en diferentes momentos, los líderes estratégicos son más capaces de reflexionar sobre el modo en que se toman las decisiones. Pueden crear el ambiente necesario para comunicarse eficazmente con la gente y gestionar su tiempo de tal manera que sean capaces de atender las necesidades más acuciantes de la organización en cada momento.

El liderazgo estratégico es la habilidad para ejercer influencia en el rendimiento de la organización. Un líder estratégico tiene la capacidad de superar las principales fuerzas inerciales que impiden que la organización se adapte con éxito a las nuevas tendencias. Un líder estratégico puede inspirar y motivar a las partes interesadas. La función clave de un líder estratégico es crear cohesión entre los miembros de la organización con la visión y el poder necesarios para aplicar el cambio estratégico.

El liderazgo estratégico dentro de la iglesia local obligará a la iglesia a desafiar los supuestos comunes y deconstruir las percepciones y prácticas (tradiciones). Debemos entender que si la iglesia debe influir en la sociedad, se necesitan líderes que puedan obligar a la iglesia a desafiar los supuestos comunes que se mantienen sobre el papel de la iglesia dentro de la comunidad. Al desafiar los supuestos comunes, el líder estratégico puede aumentar la influencia de la iglesia local dentro de la comunidad. En todas las épocas, desde la preclásica hasta esta posmoderna, los líderes estratégicos han impulsado innovaciones desafiando los patrones de pensamiento tradicionales. Por ejemplo, fue el desafío a los postulados y patrones de pensamiento comunes lo que dio origen a la Reforma Protestante. Si todos estuvieran en desacuerdo con las enseñanzas y prácticas, hoy no tendríamos protestantismo.

Para que un líder sea estratégico en su enfoque, debe estar dispuesto a pensar de forma crítica. Kirby y Goodpaster (2002), sugieren que los pensamientos críticos surgen de la creatividad, el razonamiento lógico, el análisis y las investigaciones. Ruggiero (2004), así como Schwarze y Lape (2001), destacan la importancia de la evaluación, el análisis metódico y el razonamiento objetivo como componentes del pensamiento crítico. En esencia, el pensamiento crítico implica evaluar la información de forma analítica con el objetivo de emitir juicios y conclusiones que puedan conducir a la innovación, así como a desafiar los supuestos comunes.

Tenga en cuenta que un pensador crítico no se limita a recopilar información. Lo que distingue a un pensador crítico de los demás es su habilidad para centrarse en la información de forma que estimule un sondeo profundo. De hecho, el pensamiento crítico puede clasificarse como el resultado de indagaciones profundas unidas a un cuidadoso análisis y evaluación de los hechos (Ruggiero 2004). El pensador crítico recopila información de forma organizada y metódica, y después la analiza dentro de un contexto de creatividad, objetividad, utilizando a veces un enfoque de investigación con el objetivo de llegar a conclusiones que puedan conducir a un diálogo estimulante.

Es hora de que nos demos cuenta de que el liderazgo no debe conocerse ni reconocerse por la personalidad, sino por las preguntas que se hace un líder para cumplir su propósito. Las preguntas que se hace un líder le ayudan a comprender qué hay que hacer y cuál es la lucha de la organización. Las preguntas también permiten al líder desarrollar planes de acción, responsabilizarse de las decisiones, responsabilizarse de la comunicación, centrarse en las oportunidades más que en los problemas, dirigir reuniones productivas y tener una mentalidad de jugador de equipo (Drucker 2004). En otras palabras, lo que hace que un individuo sea un líder eficaz es el hecho de que la persona busque la información o los conocimientos necesarios para la planificación estratégica. A continuación, el líder convierte esos conocimientos en acción e interactúa estratégicamente con todas las partes interesadas para garantizar que toda la organización se sienta responsable y rinda cuentas. Los líderes estratégicos siempre hacen preguntas inquisitivas y analizan los pros y los contras, las ventajas y los inconvenientes, los hechos y los supuestos que rodean a una cuestión antes de formular una opinión. Examinando críticamente los supuestos, el líder estratégico puede evitar situaciones que la mayoría de las veces podrían existir en el terreno de la duda. Kirby y Goodpaster (2002) sugieren: «El grado en que eres capaz de pensar críticamente sobre ideas que entran en conflicto con tus actitudes y valores básicos está inversamente relacionado con el grado en que estás enculturado» (p. 14). Por ejemplo, me siento más cómodo como creyente pentecostal y puedo defender fácilmente mi fe no por dogma, sino basándome en hechos bíblicos e históricos que no son fácilmente refutables. Al crecer en una familia cristiana pentecostal conservadora, siempre salí de mi círculo de fe y escuché las opiniones contrarias de cristianos no pentecostales. Cuando acepté la llamada al ministerio, me matriculé en una escuela teológica calvinista no pentecostal (muy antipentecostal). Aunque en aquel momento no entendía el liderazgo estratégico y no me veía a mí mismo como un líder estratégico, elegí una escuela antipentecostal porque necesitaba entender por qué algunos creyentes creen como lo hacen.

Este enfoque me llevó a realizar estudios de investigación de fondo, históricos y culturales sobre las diferencias en lo que se me enseñaba dentro de mi círculo y lo que se enseñaba fuera de él. Cuanto más investigaba, mejor comprendía lo que conducía a los puntos de vista contradictorios y al vasto desacuerdo y diversidad dentro de la fe cristiana. Ahora mi herencia pentecostal es más inquebrantable de lo que habría sido si sólo se basara en el dogma.

Somos seres emocionales (pensamiento lógico) y nos afectan positiva o negativamente las emociones que sentimos en un momento determinado. Sin embargo, cuando se trata de pensamiento crítico, no podemos permitir que nuestras emociones o sentimientos nublen nuestra objetividad. Debería convertirse en responsabilidad del líder estratégico aceptar las críticas y los comentarios de forma que se promueva y fomente un enfoque más colaborativo. Aunque la mayoría de los líderes pueden saber qué hacer para dar forma al enfoque y el alcance de la organización, un líder estratégico no siempre antepone su agenda personal. En su lugar, el líder pregunta a otros líderes y partes interesadas qué debería hacerse en ese momento. Esto refuerza la posición del líder como planificador y socio estratégico. Preguntar qué hay que hacer ahora puede dar lugar a muchas sugerencias y tareas que podrían llevar a cualquier líder en muchas direcciones. Pero la tarea de un líder estratégico consiste en cribar las numerosas tareas sugeridas, establecer prioridades y atenerse a ellas.

El líder estratégico presta mucha atención a los detalles, ya que esto permite comunicar eficazmente las oportunidades y tomar decisiones estratégicas. Por ejemplo, si se ha tomado una decisión, ¿quiénes son los responsables de su aplicación? ¿Hay un plazo y quiénes son los más afectados por la decisión? ¿Están debidamente informados y comprenden claramente la decisión hasta el punto de que no se opondrán firmemente a ella? ¿Se han comunicado claramente los objetivos de la decisión para reforzar la colaboración y la aplicación? Debemos darnos cuenta de que «el liderazgo no es un estado, es un viaje» (Schaeffer 2002, p.1). Para tener éxito es importante realizar los ajustes necesarios que fortalezcan los esfuerzos y mejoren la eficacia. Es mi oración y esperanza que los líderes de la iglesia observen más de cerca la declaración de Jesús, «Y alabó el amo al mayordomo malo por haber hecho sagazmente; porque los hijos de este siglo son más sagaces en el trato con sus semejantes que los hijos de luz» (Lucas 16:8), y hagan los ajustes necesarios para fortalecer nuestros esfuerzos en la proclamación del mensaje de la gracia de Dios a través de Jesús a un mundo perdido.

Denominacionalismo y liderazgo estratégico en la iglesia local

Stetzer (2010), hizo una interesante observación de que a medida que las iglesias decaen, el pastor local se estresa y «se preocupa más por un manual de políticas bien utilizado que por un baptisterio bien utilizado» (par. 3).

Dado que se necesita algo más que personalidad y habilidades para tener éxito como líder, los pastores locales tienen más éxito en organizaciones con un sólido sistema de apoyo. Michael Allison (2002), sugiere que algunos líderes tienen menos éxito en una organización que en otras debido a la falta de lo que él denomina asistencia estructurada (p. 350). Además, insinúa que es difícil que un líder sea eficaz si la junta directiva no puede «apoyar la independencia y la fuerza (en contraposición a la dependencia y el cumplimiento) en su liderazgo» (p. 350). Apoya su teoría figurando que «por mucho que se esfuerce [un líder], un solo individuo no puede garantizar un futuro seguro para la organización que tanto le ha costado dirigir y construir» (p. 351).

No sería suficiente hablar del liderazgo estratégico dentro de la iglesia local sin hablar del papel de la jerarquía denominacional en relación con el liderazgo local. Aunque la mayoría de los líderes confesionales con los que he hablado afirman que no interfieren innecesariamente en las iglesias locales, las políticas y prácticas a veces dificultan que el pastor local rompa con la innovación. Aunque muchas iglesias son autónomas dentro de algunos círculos confesionales, el pastor local se ve a menudo mantenido a raya por los estatutos y el consejo de administración.

Los líderes denominacionales deben darse cuenta de que la eficacia organizativa comienza a nivel local y es esencial para la dirección y la competencia. Cuando una organización pierde su eficacia debido a un control indebido y a la falta de un apoyo sólido a través de prácticas poco saludables, se hace difícil identificar fácilmente lo apropiado o lo correcto. La falta de apoyo a la visión del pastor local, ya sea en los estatutos de la iglesia local y/o la falta de voluntad para cambiar las prácticas por parte del consejo de administración, puede crear un déficit en la eficacia de la organización porque actúa como un freno a la creatividad y la innovación del pastor local.

Los líderes denominacionales pueden eliminar el freno deficitario del pastor local tratando de mejorar la coordinación y la corporación «elevando el nivel de conducta humana y aspiración ética tanto del líder como de los dirigidos» (Banerji y Krishnan 2000, p. 405). Esto puede hacerse reuniendo a cada líder dentro de la iglesia local y a todos los miembros en torno a la visión del pastor local. Otra forma de frenar el déficit del pastor local es que la dirección de la denominación considere detenidamente el potencial del pastor local y de la congregación y, a continuación, oriente y prepare al pastor con el objetivo de sacar lo mejor del pastor y del equipo de liderazgo.

Ninguna denominación puede pretender crecer sin crecer dentro de las iglesias locales. Los problemas a nivel de la iglesia local pueden afectar la imagen y la eficacia de la denominación. Por lo tanto, el enfoque y el énfasis de los líderes regionales o de distrito no deben ser el control o el poder, sino motivar a los pastores locales para que contribuyan positivamente al proceso de crecimiento. Motivando al pastor local para que se convierta en un planificador estratégico y apoyando un ambiente corporativo dentro de la iglesia local, puede haber una influencia real en la relación entre los líderes, que conduzca a cambios reales que reflejen sus propósitos mutuos.

En mi opinión, el papel de la jerarquía denominacional consiste en proporcionar significado y valor, no en controlar indebidamente los procesos a nivel de la iglesia local. El significado y los valores son esenciales para el desarrollo y el mantenimiento de la cultura organizativa. Al crear significados, las organizaciones pueden contribuir a conformar las perspectivas de todas las partes interesadas. Al crear una atmósfera de valores compartidos, las organizaciones pueden influir en los comportamientos de las partes interesadas. La creación de significados es esencial para cualquier organización. Los líderes denominacionales deben darse cuenta de que la creación de significado puede posicionar a la iglesia local en la alineación de los objetivos de la misión con el objetivo estratégico de una manera que impulse a la iglesia local a tener una ventaja dentro de la comunidad.

¿Qué significa «crear significado»?

Existen múltiples supuestos que son factores subyacentes en la toma de decisiones. Incluso cuando se recolectan e interpretan datos (tema tratado en el capítulo 3), las organizaciones tienen suposiciones que afectan a por qué y cómo se recolectan e interpretan los datos. El desafío consiste entonces en que los líderes examinen esos supuestos de forma proactiva, mejorando así la capacidad de la organización para hacer frente a las tendencias cambiantes en un entorno en continuo cambio. Aquí es donde el liderazgo confesional debe apoyar al liderazgo de la iglesia local.

La creación de sentido en relación con el liderazgo estratégico dentro de la iglesia local consiste en aportar claridad desafiando los supuestos comunes que afectan al proceso de toma de decisiones. La mejor manera de aportar claridad es que la dirección de la denominación refuerce la visión del pastor local. El primer paso para dotar de significado a la iglesia local es aclarar el lenguaje de los documentos legales. Como sugiere Sarup (1993), el lenguaje tiene distintos significados, y el líder estratégico debe poner continuamente de manifiesto «la discrepancia entre el significado y la afirmación del autor» (p. 52). La mayoría de los documentos legales como la constitución de la iglesia local y/o los manuales de políticas y procedimientos de la denominación tienen lenguajes que deben ser aclarados constantemente para evitar crear una situación que pueda afectar la influencia e impacto de la iglesia local. Según Zabel (2004), la creación de significado se centra en «fomentar el pensamiento activo o la resolución de problemas» (p. 6). En otras palabras, la creación de sentido ayuda a los líderes de la denominación y de la iglesia local a comprender eficazmente el pasado y a adaptarse para cumplir sus objetivos estratégicos.

La creación de significado puede ayudar tanto a los líderes de la denominación como a los de la iglesia local a sintetizar y dar perspectiva al enorme volumen de información disponible sobre cualquier tema.

Por ejemplo, durante mi investigación me sorprendió que algunas constituciones eclesiásticas restringieran la edad del pastor principal. Para crear significado, el líder estratégico necesita preguntar y tratar de entender ¿por qué la restricción de edad? Veamos una situación real (aunque no nombraré la iglesia local ni la denominación) en la que es necesario crear significado si la iglesia local debe sobrevivir. Los estatutos de la iglesia figuran que el pastor principal debe tener al menos treinta y cinco años. La iglesia tiene una congregación envejecida y quiere atraer a jóvenes, pero tiene una capacidad financiera limitada para contratar a un pastor de jóvenes. La iglesia no tiene pastor, ya que el pastor fundador es anciano y actualmente se encuentra en una residencia asistida. Cada domingo traen pastores invitados de más de sesenta años. La iglesia tiene actualmente un estudiante de instituto bíblico de veintitrés años, pero no está cualificado según los estatutos para ser el pastor principal. El número de miembros de la iglesia está disminuyendo, no tiene ningún impacto en la comunidad y está a punto de cerrar. Todo está dirigido por un consejo de administración en el que todos los miembros tienen más de 55 años. Si esta iglesia debe sobrevivir, la dirección de la denominación debe dar sentido al lenguaje de la constitución. El primer paso es tratar de entender la razón de ser de la restricción de edad. El siguiente paso sería observar la tendencia actual dentro de esa iglesia local y preguntarse si la restricción de edad sigue siendo necesaria para una congregación pequeña y envejecida que tiene un pastor potencialmente joven y una iglesia que necesita atraer a gente joven para seguir siendo relevante dentro de la comunidad.

Veamos otro escenario que está afectando a otra congregación que he encuestado. La constitución figura que las mujeres no pueden ejercer autoridad sobre los hombres, pero no dice que las mujeres no puedan ser pastoras de una congregación local. En los últimos diez años, la congregación ha tenido seis pastores y ninguno ha tenido ningún impacto en la iglesia o en la comunidad. Sin embargo, hay una mujer con una notable llamada al ministerio que ha mantenido todo en orden. Sin su liderazgo, no habría congregación. Sin embargo, los estatutos parecen prohibirle dirigir oficialmente la iglesia. El número de miembros ha disminuido drásticamente con cada nuevo pastor. Una congregación de unas 120 personas hace diez años es ahora una congregación de 55 personas envejecidas. A menos que se aclare el lenguaje de la constitución, esta iglesia local podría cerrar sus puertas cuando hay una mujer fuerte que podría dar vida a esta congregación e impactar a la comunidad para Cristo.

Otra situación interesante que encontré es una iglesia en un suburbio que está muriendo debido a una suposición común (no un documento escrito) de que sólo los hombres blancos deben liderar. Ha habido un cambio demográfico desde hace algunos años. La comunidad, antes totalmente blanca, es ahora diversa. La población actual ronda el 36% de blancos, el 32% de negros, el 20% de hispanos y el 12% de otras etnias. El pastor blanco de esta iglesia tiene ahora sesenta y ocho años y quiere jubilarse, pero no encuentra otro pastor blanco para sustituirle. La iglesia cuenta con tres pastores negros y dos pastores hispanos, todos ellos voluntarios.

Pero esta congregación local con tanto potencial de crecimiento está decayendo debido a la suposición de que los negros y los hispanos no pueden servir como pastores principales en una congregación supuestamente diversa. A menos que se cree un significado, existe la posibilidad de una división y el fin de lo que podría ser una congregación única en un ambiente eclesiástico ya segregado en la mayoría de las iglesias de Estados Unidos.

McKernon (2002), sugiere que crear significado es «explicar cómo cambia el mundo, cómo lo explicamos y cómo lo afrontamos día a día» (p. 10). En los ejemplos citados, esas iglesias aún tienen posibilidades de sobrevivir. Todas las partes interesadas deben comprender y aceptar las tendencias cambiantes, así como aprender a afrontarlas de forma proactiva. Los líderes deben comprender que lo más probable es que las personas elijan prácticas y tomen decisiones basadas en sus creencias y valores. Al crear significado, el líder estratégico puede ayudar a sintetizar y dar perspectiva. Al crear significado, las organizaciones y los individuos pueden estar capacitados para afrontar con eficacia los desafíos de un mundo cambiante. Además de la toma de decisiones, la creación de sentido puede dar lugar a valores que ayuden a modelar el comportamiento de todas las partes interesadas dentro de una organización. Los valores organizativos pueden garantizar que todas las partes interesadas se relacionen entre sí de forma que se fomente el compromiso de trabajar en equipo para lograr una mayor productividad, eficacia y profesionalidad en todo lo que se hace en nombre de la organización. Los valores compartidos pueden crear una atmósfera de compromiso y también influir en los comportamientos en los ámbitos de la integridad, la veracidad, la autenticidad y el compromiso de tratarse unos a otros con respeto y dignidad. Al crear significado, el liderazgo estratégico a todos los niveles de la iglesia puede abordar «nuevas situaciones o negociar [con] instituciones complejas» (Mika et al. 2005, p. 351) sobre cuestiones necesarias para su misión y factores críticos de éxito.

El apóstol Pablo es un ejemplo clásico de líder estratégico que sintetizó y dio perspectiva al volumen de información de que disponía. William Barclay (1970), describió a Pablo como un líder estratégico que creaba significado en sus mensajes. La creación de significado tiene que ver con la forma en que organizamos el conocimiento y utilizamos la información para aumentar la flexibilidad en el proceso de aplicación. Hablando de la forma en que el apóstol Pablo utilizaba la información, Barclay (1970) figura: «En su enfoque misionero, Pablo no tenía un esquema ni una fórmula establecidos; su enfoque era completamente flexible. Empezaba donde estaba su audiencia» (p. 166).

Para aclarar este punto, veamos tres de los sermones del apóstol Pablo que Barclay (1970) manifiesta en el libro de los Hechos de los Apóstoles del Nuevo Testamento: el sermón predicado en la sinagoga de Antioquía de Pisidia (Hch 13:16-41), el sermón predicado en Atenas (Hch 17:22-31) y el sermón predicado en Listra (Hch 14:15-17).

El mensaje de Pablo en Antioquía de Pisidia fue en una sinagoga a judíos, a prosélitos y a temerosos de Dios (Hechos 13:16-41).

a. Por lo tanto, Pablo comenzó en la historia judía y utilizó el Antiguo Testamento como un arsenal de textos de prueba para demostrar su caso (Hc 13:16-23).

Entonces Pablo, levantándose, hecha señal de silencio con la mano, dijo: Varones israelitas, y los que teméis a Dios, oíd: El Dios de este pueblo de Israel escogió a nuestros padres, y enalteció al pueblo, siendo ellos extranjeros en tierra de Egipto, y con brazo levantado los sacó de ella. Y por un tiempo como de cuarenta años los soportó en el desierto; y habiendo destruido siete naciones en la tierra de Canaán, les dio en herencia su territorio. Después, como por cuatrocientos cincuenta años, les dio jueces hasta el profeta Samuel. Luego pidieron rey, y Dios les dio a Saúl hijo de Cis, varón de la tribu de Benjamín, por cuarenta años. Quitado éste, les levantó por rey a David, de quien dio también testimonio diciendo: He hallado a David hijo de Isaí, varón conforme a mi corazón, quien hará todo lo que yo quiero. De la descendencia de éste, y conforme a la promesa, Dios levantó a Jesús por Salvador a Israel. (RV)

b. Pablo pasó a la preparación inmediata de Jesús por Juan el Bautista (versículos 24, 25).

Antes de su venida, predicó Juan el bautismo de arrepentimiento a todo el pueblo de Israel. Más cuando Juan terminaba su carrera, dijo: ¿Quién pensáis que soy? No soy yo él; más he aquí viene tras mí uno de quien no soy digno de desatar el calzado de los pies. (RV)

c. Pablo prosiguió con la narración del rechazo, muerte y resurrección de Jesús (versículos 26-31).

Varones hermanos, hijos del linaje de Abraham, y los que entre vosotros teméis a Dios, a vosotros es enviada la palabra de esta salvación. Porque los habitantes de Jerusalén y sus gobernantes, no conociendo a Jesús, ni las palabras de los profetas que se leen todos los días de reposo, las cumplieron al condenarle. Y sin hallar en él causa digna de muerte, pidieron a Pilato que se le matase. Y habiendo cumplido todas las cosas que de él estaban escritas, quitándolo del madero, lo pusieron en el sepulcro. Mas Dios le levantó de los muertos. Y él se apareció durante muchos días a los que habían subido juntamente con él de Galilea a Jerusalén, los cuales ahora son sus testigos ante el pueblo. (RV)

d. Pablo afirma que todos estos acontecimientos fueron predichos en profecías (versículos 32-39) y cita las profecías correspondientes.

Y nosotros también os anunciamos el evangelio de aquella promesa hecha a nuestros padres, la cual Dios ha cumplido a los hijos de ellos, a nosotros, resucitando a Jesús; como está escrito también en el salmo segundo: Mi hijo eres tú, yo te he engendrado hoy. Y en cuanto a que le levantó de los muertos para nunca más volver a corrupción, lo dijo así: Os daré las misericordias fieles de David. Por eso dice también en otro salmo: No permitirás que tu Santo vea corrupción. Porque a la verdad David, habiendo servido a su propia generación según la voluntad de Dios, durmió, y fue reunido con sus padres, y vio corrupción. Mas aquel a quien Dios levantó, no vio corrupción.

Sabed, pues, esto, varones hermanos: que por medio de él se os anuncia perdón de pecados, y que de todo aquello de que por la ley de Moisés no pudisteis ser justificados, en él es justificado todo aquel que cree. (RV)

e. Pablo concluye con una advertencia a los que todavía rechazan la oferta de Dios en Jesucristo (versículos 40, 41).

Mirad, pues, que no venga sobre vosotros lo que está dicho en los profetas: Mirad, oh menospreciadores, y asombraos, y desapareced; Porque yo hago una obra en vuestros días, Obra que no creeréis, si alguien os la contare. (RV)

Dado que el público de Pablo estaba profundamente arraigado en la historia judía y en las Escrituras, su «predicación no era una proclamación de toma y daca» (Barclay 1970, p.166). «Era proclamación más explicación y defensa. La palabra característica de la predicación de Pablo en la sinagoga es la palabra argumentada. En Damasco, en Tesalónica, en Atenas, en Corinto, en Éfeso, Pablo argumentó en la sinagoga (Hechos 9:22; 17:2, 17; 18:4; 19: 8). La fe era proclamada y defendida al mismo tiempo. La aceptación de la misma no se daba en una oleada de emoción; desde el principio había que satisfacer tanto la mente como el corazón» (p. 166).

En Atenas, Pablo partió del culto religioso local (Hch 17, 23-28), y citó a los poetas griegos (Hch 17, 28).

Pablo comenzó con la historia de la búsqueda del alma por Dios (Hechos 17:23-28).

Porque pasando y mirando vuestros santuarios, hallé también un altar en el cual estaba esta inscripción: AL

DIOS NO CONOCIDO. Al que vosotros adoráis, pues, sin conocerle, es a quien yo os anuncio. El Dios que hizo el mundo y todas las cosas que en él hay, siendo Señor del cielo y de la tierra, no habita en templos hechos por manos humanas, ni es honrado por manos de hombres, como si necesitase de algo; pues él es quien da a todos vida y aliento y todas las cosas. Y de una sangre ha hecho todo el linaje de los hombres, para que habiten sobre toda la faz de la tierra; y les ha prefijado el orden de los tiempos, y los límites de su habitación; para que busquen a Dios, si en alguna manera, palpando, puedan hallarle, aunque ciertamente no está lejos de cada uno de nosotros. Porque en él vivimos, y nos movemos, y somos; como algunos de vuestros propios poetas también han dicho: Porque linaje suyo somos (RV)

Barclay (1970) señala que Pablo nunca menciona la historia judía y no hace ninguna cita de las Escrituras. Sabía que sería inútil hablar de una historia que nadie conocía y citar un libro que nadie había leído y cuya autoridad nadie aceptaría.

a. Pablo presentó la venida de Jesucristo como el acontecimiento decisivo de Dios, figurando: «Los tiempos de la ignorancia Dios los pasó por alto, pero ahora manda a todos los hombres en todo lugar que se arrepientan» (versículo 30).

b. Pablo proclamó el hecho de la resurrección y la promesa del juicio (versículo 31).

c. En Listra (Hechos 14:15-17), Pablo «estaba en el desierto. Ciertamente nadie allí sabría nada sobre la historia judía o las escrituras judías. Listra no tenía la cultura ampliamente difundida de Atenas, y no tenía sentido citar a los poetas griegos» (Barclay 1970, 167).

d. Pablo partió directamente de la naturaleza, del sol y del viento y de la lluvia y de las cosas que crecen, subrayando la actividad continua de Dios (versículos 15, 17).

y. diciendo: Varones, ¿por qué hacéis esto? Nosotros también somos hombres semejantes a vosotros, que os anunciamos que de estas vanidades os convirtáis al Dios vivo, que hizo el cielo y la tierra, el mar, y todo lo que en ellos hay. En las edades pasadas él ha dejado a todas las gentes andar en sus propios caminos; si bien no se dejó a sí mismo sin testimonio, haciendo bien, dándonos lluvias del cielo y tiempos fructíferos, llenando de sustento y de alegría nuestros corazones. (RV)

f. El apóstol Pablo subrayó la misericordia y la gracia de Dios hacia toda la humanidad, al figurar: «En las generaciones pasadas (Dios) permitió que todas las naciones anduvieran por sus propios caminos» (Hechos 14:16).

Ya es hora de que la iglesia local adopte un liderazgo estratégico que nos dé una ventaja para llegar al mundo con el mensaje de la gracia y el amor de Dios a sus niveles, como hizo el apóstol Pablo. A medida que creamos significado y realzamos nuestros valores, es hora de que tengamos en cuenta el todo y no sólo la parte. Es hora de que cambiemos nuestro enfoque y dejemos de considerar a un individuo como la única fuente de autoridad. Si la iglesia local debe experimentar un mayor impacto dentro de la comunidad, la dependencia excesiva de la autoridad jerárquica debe reducirse al mínimo. Lo que debemos fomentar es una relación interpersonal sana en todos los niveles. Hay que hacer hincapié en el cambio, el poder, la colaboración, las personas y las relaciones, la diversidad y el intercambio y la utilización adecuados de los conocimientos en esta era de la información.

Capítulo Dos

Una perspectiva sobre el Desarrollo Histórico de los Modelos de Liderazgo

El liderazgo es crucial para el éxito de una organización. En pocas palabras, el liderazgo influye positivamente en los demás para que actúen. Sin embargo, a lo largo de los años, el liderazgo ha tenido connotaciones diferentes y ha significado cosas diferentes para personas diferentes. Este capítulo ofrece una perspectiva del desarrollo histórico de los modelos de liderazgo a lo largo de los años. El objetivo de la perspectiva histórica es ayudar al cuerpo de Cristo a darse cuenta de que el liderazgo no está estancado y que el cambio de tendencias requiere innovación para ser relevante.

Reseña Histórica de los Modelos de Liderazgo

A la hora de debatir la necesidad de un liderazgo estratégico dentro de la iglesia local, es necesario examinar brevemente el desarrollo histórico de los modelos de liderazgo.

Como afirma Wren (2004), «un estudio del pasado contribuye a una imagen más lógica y coherente del presente. Sin un conocimiento de la historia, los individuos sólo tienen sus propias experiencias limitadas como base para el pensamiento y la acción» (p.6).

Modelo de Liderazgo de la Era Preclásica

Esta era comenzó con un énfasis en la institucionalización con autoridad centralizada. Los defensores de este punto de vista fueron Nicolás Maquiavelo y Tomás HoRVs. Maquiavelo defendía que la centralización de la autoridad haría frente eficazmente a la naturaleza malvada inherente al hombre. HoRVs, por su parte, hacía hincapié en el poder absoluto del liderazgo centralizado y en la completa obediencia de los súbditos como forma de poner orden y eliminar la anarquía (Wren 2004). El objetivo de las instituciones centralizadas, tal y como las enseñaban Maquiavelo y los HoRV, era permitir que el liderazgo se centrara en la necesidad de tener «políticas, procedimientos... y autoridad específicos» (p. 22).

Sin embargo, cuando la sociedad empezó a propugnar el cambio con la aparición de otras sectas religiosas, junto con el deseo de separación de poderes entre las religiones y el Estado, surgieron tres ideologías que aportaron algunas formas de orden a la nueva sociedad que sustituía al antiguo orden. Esas ideologías de liderazgo se conocen como la ética protestante, la ética de la libertad y la ética del mercado (Wren 2004).

La ética protestante «era un desafío a la autoridad central de la Iglesia y una respuesta a las necesidades de logro del pueblo» (Wren 2004, 67). Weber argumentó que la alternativa de liderazgo ofrecida por los protestantes condujo al capitalismo (Wren 2004). Los protestantes hacían hincapié en que toda «ocupación era una vocación, y todas eran legítimas a los ojos de Dios» (p. 38). El protestantismo enseñaba que «para alcanzar la confianza en uno mismo, la gente tenía que dedicarse a una intensa actividad mundana [como los negocios], porque eso y solo eso podía disipar las dudas religiosas y dar la certeza de la gracia» (p. 38).

La ética de la libertad «buscaba proteger los derechos individuales» (Wren 2004, p. 67). El énfasis se ponía en garantizar que quienes detentan la autoridad no abusen de los derechos básicos del individuo. Hay que tratar a las personas con igualdad, respeto y no privarlas de la justicia esencial como medio de promover una relación sana y motivar una mejor productividad. Un firme defensor de los derechos humanos durante esta época fue John Locke. Fue pionero en la idea de que los dirigidos deben poder juzgar las conductas del líder como medio de garantizar que los derechos básicos de los seguidores no sean violados por los líderes.

La ética de mercado abogaba por la formulación de un sistema de liderazgo con autoridad descentralizada que permitiera a los líderes locales tratar eficazmente los asuntos de su jurisdicción. El objetivo de la ética de mercado era garantizar la descentralización del poder para poner fin a los abusos.

Modelo de Liderazgo de la Era Clásica

La era clásica fue una época de industrialización. Los inventos llevaron a la construcción de fábricas para acelerar la producción en comparación con la que se realizaba manualmente por el hombre o el animal. Con las fábricas llegó la necesidad de más trabajadores. La gente tuvo que dejar de lado sus negocios familiares y sus tierras de labranza y trabajar en las fábricas para obtener mejores ingresos. Las fábricas, con su mayor mano de obra, crearon la necesidad de un modelo de liderazgo que pudiera alcanzar y mantener el objetivo deseado de cada fábrica y las necesidades de la gente. Wren (2004) describe así el desafío de esta época:

El emergente sistema de fábricas planteaba problemas de gestión diferentes de los que se habían encontrado hasta entonces. La iglesia podía organizar y gestionar sus propiedades gracias al dogma y a la devoción de los fieles; el ejército podía controlar a un gran número de personal mediante una rígida jerarquía de disciplina y autoridad; y las burocracias gubernamentales podían funcionar sin tener que enfrentarse a la competencia ni mostrar beneficios. Los directivos del nuevo sistema fabril no podían recurrir a ninguno de estos dispositivos para garantizar la correcta utilización de los recursos. (p. 15)

Muchas fábricas crearon un entorno de competencia durante esta época. Sin embargo, el sistema de fábricas carecía de una dirección eficaz en un entorno de mercado que se estaba volviendo muy competitivo con un gran número de mano de obra no cualificada. A esta falta de dirección se unía el problema de la falta de motivación, que conducía a la infraproducción. El objetivo era garantizar que los trabajadores estuvieran motivados, formados y recibieran un trato ético. Otro problema era que la mayoría de los obreros no se habían adaptado bien a las rígidas rutinas del sistema de la fábrica. Se necesitaba un modelo de liderazgo que motivara a los trabajadores y se ganara su confianza, obteniendo así su lealtad y compromiso.

Para hacer frente a estos desafíos de liderazgo, se desarrolló un modelo centrado en los incentivos. Wren (2004) describió el modelo de liderazgo como «incentivos positivos (la zanahoria), sanciones negativas (el palo) y... métodos para proporcionar motivación y disciplina» (p. 25). Este modelo de liderazgo se centraba en la motivación. Se hacía hincapié en pagar a los trabajadores en función de sus niveles individuales de producción. En otras palabras, cuanto mejor fuera la producción, mejor sería el salario. Este modelo de liderazgo centrado en los incentivos fue propuesto por Adán Smith. Rompiendo con la opinión predominante de que «había que mantener al trabajador en el nivel de subsistencia y que el mejor trabajador era el más hambriento» (p. 28), Smith defendía que «los incentivos monetarios sacaban lo mejor de las personas y que trabajarían más para obtener más» (p. 28). Los incentivos monetarios no sólo consistían en incrementos salariales. A los trabajadores se les pagaba su salario habitual mientras aprendían, especialmente si estaba relacionado con la mejora de actitudes y aportaciones en el trabajo. Sin embargo, aunque se habían ofrecido incentivos monetarios por mejorar el rendimiento, se castigaba a los que eran negligentes con su deber manteniendo su dinero en forma de multas.

Modelo de Liderazgo del Modernismo

En la era moderna se produjeron grandes avances científicos y tecnológicos. Como consecuencia, la mayoría de los empleos eran de naturaleza mecánica, como la construcción de ferrocarriles, y muchos trabajaban en la industria siderúrgica.

La destreza necesaria para manejar la maquinaria, unida a una mano de obra numerosa, creó una escasez de puestos de trabajo. El resultado de esta escasez de empleo llevó a los trabajadores a limitar sus rendimientos como medio de seguridad laboral. Los obreros pensaban que trabajar más deprisa y maximizar la producción provocaría la falta de empleo, ya que la tarea específica estaría terminada, y tendrían que esperar a otro proyecto para obtener ingresos.

Frederick Taylor, que pasó de obrero a ingeniero jefe en seis años en la Midvale Steel de Filadelfia y trabajó en la Compañía durante doce años, de 1878 a 1890, ofreció la primera solución al desafío directivo de la era moderna, conocida como gestión científica (Wren 2004). Taylor basó su teoría de la gestión científica en su análisis del problema, que describió como «malas condiciones industriales, [con] restricción de la producción por parte de los trabajadores, mala gestión y falta de armonía entre trabajadores y directivos» (p. 318). Culpó a la dirección de estos problemas porque a los obreros se les pagaba por horas sin incentivos monetarios por el trabajo duro. En opinión de Taylor, la dirección creó una atmósfera de pereza al eliminar el sistema de recompensas monetarias por el trabajo duro. El modelo de gestión científica propuesto por Taylor y mejorado por muchos exigía que «la dirección tuviera la responsabilidad de establecer normas, planificar el trabajo e idear sistemas de incentivos» (Wren 2004, p. 322).

Otra persona que influyó en las prácticas de gestión durante esta época fue Henri Fayol. Promovió la idea de centrarse más en las funciones directivas que en las habilidades técnicas. Propuso la necesidad de la planificación estratégica, la asignación presupuestaria, la división del trabajo y el orden y la estructura para un buen funcionamiento (Wren 2004).

Modelo de Liderazgo Postmodernista

El posmodernismo se caracteriza por un liderazgo participativo y transformacional. El posmodernismo hace hincapié en modelos de liderazgo como el carismático, participativo, transaccional, transformacional y de innovación. Los postmodernistas fomentan la mejora del rendimiento a través de una relación interpersonal sana mediante el fomento de la plena participación, lo que refuerza la moral y motiva a los demás a la acción progresiva. Sin embargo, parece que el modelo más deseado es el transformacional (Wren 2004).

El liderazgo transformacional fomenta la plena participación y mejora el rendimiento mediante una relación interpersonal sana que fortalece la moral y motiva a los demás a la acción progresiva. El enfoque y el énfasis del liderazgo transformacional no son el control o el poder, sino conseguir que los demás estén motivados para contribuir positivamente al proceso. Lawlor (2006) afirma que «el liderazgo transformacional no se limita a la jerarquía organizativa, ya que capacita valiente y políticamente a otros para asumir el papel de líderes» (par. 11).

Wren (2004), sugiere que cuanto más se buscaban respuestas a la esencia y la naturaleza del liderazgo, más teóricos y organizaciones se daban cuenta de que lo mejor era alejarse del estilo autocrático con su énfasis en los rasgos heredados o familiares. Weiskittel (1999), sugiere que a finales del siglo XIX, el énfasis empezó a desplazarse del interés personal al interés grupal. Los teóricos empezaron a centrarse más en fomentar el sentido de pertenencia. Al entrar en el siglo XX, la participación a través de la motivación se convirtió en la preocupación de muchos teóricos. La atención se centraba ahora en las clasificaciones racional, tradicional y carismática del liderazgo. Para muchos, motivar a los demás a la acción y a la apropiación a través de la plena participación podía provocar la transformación de cualquier organización (Harrison 1999). Así pues, se adoptó la teoría transformacional. El objetivo era influir en las relaciones entre los líderes y sus colaboradores, que pretenden cambios reales que reflejen sus propósitos mutuos.

Filosofía y Desarrollo Organizativo

A lo largo de los años, muchas organizaciones han incorporado principios filosóficos para ayudarles a tomar decisiones que se cree que potencian el desarrollo de la organización y mejoran las relaciones con empleados, clientes y otras partes interesadas. La filosofía pretende ayudar a comprender la naturaleza, las clasificaciones y los propósitos del conocimiento. El objetivo principal del conocimiento es mejorar el proceso de toma de decisiones que conduce a la acción. Desde la época preclásica hasta la moderna, se han desarrollado muchos modelos y teorías. A continuación se exponen brevemente algunos de esos modelos y teorías.

Modelos tradicionales/convencionales incorporados a la filosofía

Los teóricos de la gestión utilizaron el principio filosófico de formular preguntas de sondeo para comprender mejor los desafíos a los que se enfrentan las organizaciones. El objetivo de las preguntas de sondeo era ayudar a los teóricos en el proceso de búsqueda de «información precisa» (Goldman 1999, p. 4). Las preguntas de sondeo más comunes fueron: «¿Qué es lo mejor? ¿Qué es lo siguiente? ¿Y si...? [¿Cuál es mi mejor opción? [Con estas preguntas se pretende garantizar] la optimización, la previsión, la modelización, la simulación y el análisis de decisiones» (Whalen & Samaddar, 2001, p. 292). A partir de estas preguntas, se desarrollaron algunos de los modelos tradicionales más exitosos, como la programación lineal y no lineal, los modelos de series temporales y de regresión causal, el análisis de simulación «qué pasaría si» y los árboles de decisión.

Las actitudes y acciones de liderazgo en relación con el desarrollo organizativo se centraron en el uso de uno o varios de los modelos (programación lineal y no lineal, modelos de regresión causal y de series temporales, análisis de simulación «qué pasaría si...» y árboles de decisión) para buscar la causa del problema de forma precisa y utilizar el método o la herramienta adecuados para resolverlo. En cuanto a la relación con empleados, clientes y otras partes interesadas, las actitudes y acciones de los líderes se orientaron a motivar a los empleados mediante paquetes basados en incentivos como medio de ganarse su lealtad y compromiso.

Teorías tradicionales/convencionales incorporadas a la filosofía

Los filósofos hacen hincapié en que el conocimiento puede adquirirse a través del razonamiento, la observación, la experiencia, la interacción y nuestro concepto de la verdad (Moser y VanderNat, 2002). Los teóricos de la gestión se basan en los principios filosóficos de la adquisición de conocimientos a través del razonamiento y la interacción para desarrollar teorías que se cree que mejoran el comportamiento y el desarrollo organizativos. Las teorías se basan en un «criterio o prueba de la verdad... la teoría de la evidencia, la justificación o la determinación de la verdad [con el objetivo de ayudar a las organizaciones a determinar] cuándo es apropiado aceptar una proposición como verdadera, o cómo proceder para determinar la verdad o falsedad de una proposición» (Goldman, 1999, p.41). Algunas de las teorías filosóficas son el pragmatismo, el verificacionismo, el consecuencialismo consensual y el procedimentalismo.

El pragmatismo se centra en el impacto que los valores o creencias de una persona pueden tener en las decisiones que toma. En otras palabras, lo más habitual es que las personas elijan prácticas y tomen decisiones en función de sus creencias y valores.

Por lo tanto, es importante que «sea cual sea el valor intrínseco de las personas, elegir las mejores prácticas que conduzcan a esos valores requiere una creencia verdadera» (Goldman 1999, p. 75). El verificacionismo exige que toda proposición esté justificada por pruebas. El consecuencialismo de consenso se centra en la creación de una atmósfera de colaboración a través de la creación de consenso. El procedimentalismo se centra en los procesos utilizados para elaborar estrategias y hacer avanzar a la organización (Goldman, 1999). Benhabib

(1992) es citado por Goldman (1999) diciendo que el procedimentalismo requiere que «cada participante debe tener las mismas oportunidades de iniciar y continuar la comunicación; cada uno debe tener las mismas oportunidades de hacer afirmaciones, recomendaciones y explicaciones; todos deben tener las mismas oportunidades de expresar sus deseos, anhelos y sentimientos» (p. 77).

Basándose en estas teorías, los teóricos de la gestión han desarrollado las siguientes prácticas para ayudar a las actitudes y acciones de liderazgo respecto al desarrollo organizativo y las relaciones con empleados, clientes y otras partes interesadas. Las prácticas se centraron en la aplicación de habilidades especiales como medio para derivar soluciones a los desafíos a los que se enfrentan las organizaciones.

Whalen y Samaddar (2001), sugieren que las prácticas se utilizan para salvar la «brecha entre lo que se percibe y lo que se desea... [en un intento de encontrar] una oportunidad o ambición para elevar el rendimiento de la organización a nuevas cotas o lograr mejoras explotando nuevos métodos o nuevas áreas de actuación» (p. 293). Una de estas prácticas es el «apareamiento de un problema con un rompecabezas para formar un modelo que pueda resolverse» (p. 292). Las habilidades utilizadas en esta práctica «van desde algoritmos deterministas y con garantía de éxito si se les da tiempo suficiente, hasta heurísticas y corazonadas falibles pero que ofrecen un ahorro impresionante de tiempo y esfuerzo cuando tienen éxito» (p. 293). Otras prácticas son la previsión de problemas mediante suposiciones, la creación de una fórmula para predecir datos y el uso de la analogía para analizar problemas y tomar decisiones (Whalen y Samaddar, 2001).

Mediante el uso de estas prácticas, los líderes pueden desarrollar habilidades de pensamiento crítico haciendo preguntas de sondeo que desafíen los supuestos subyacentes que crearon el problema. Al reflexionar críticamente sobre el problema, los líderes pueden buscar soluciones alternativas. Al considerar detenidamente las acciones alternativas, el liderazgo puede transformar y ampliar la organización mediante el «uso de diagramas de flujo, listas de control y menús para ayudar a los seres humanos a través de procedimientos complejos» (p. 296).

Cultura y Desarrollo Organizativo

Cada cultura es única, pero con el énfasis en la globalización, se espera que las organizaciones utilicen las mejores prácticas que se adhieran a las normas éticas y promuevan la diversidad y una relación interpersonal sana.

Desde la era preclásica hasta el posmodernismo, las culturas han evolucionado. A medida que las culturas han cambiado, también lo han hecho los modelos, teorías y prácticas a los que recurren las personas para crear una imagen realista y objetiva del mundo.

Modelos tradicionales/convencionales incorporados a la cultura

A pesar de la diversidad cultural, casi todas las culturas se enfrentan a los problemas de las tendencias cambiantes en el trabajo, el comercio ético, la defensa de los derechos humanos básicos y los incentivos monetarios para una mano de obra cohesionada y colaboradora. Y lo que es más importante, la atención se centra en el desarrollo de una relación de tutoría y entrenamiento con el objetivo de convertir a los tutelados en trabajadores competentes y productivos. No se trata de ejercer el control o el poder, sino de motivar a los demás para que contribuyan positivamente al proceso.

Ante tales desafíos y el énfasis en la globalización, los teóricos de la gestión suelen buscar «verdades inamovibles, estables, unificadas, exhaustivas, estructuradas, de aplicación universal y un conocimiento objetivo del consumo y el marketing» (McKernon, 2002, párrafo 13). Todo modelo, teoría y práctica pretende «explicar el mundo descontextualizando y reduciendo la complejidad o el cambio a hechos y fórmulas relativamente simples» (McKernon, 2002, párr. 13)

Reflexión

Cada uno de los modelos y filosofías de liderazgo analizados fue eficaz en su época, aunque todos ellos fueron resistidos inicialmente. Los modelos y filosofías ayudaron a los líderes a comprender el «qué y el por qué» de la necesidad imperante de la época. Y lo que es más importante, los modelos ayudaron a los líderes y directivos a alinear el «qué y por qué» de la organización con el «cómo y cuándo», permitiendo así a la sociedad y a las organizaciones afrontar mejor las tendencias cambiantes. El estudio de estos modelos puede ayudarnos, como cuerpo de Cristo, a comprender los fundamentos del liderazgo y la gestión, así como a crear una atmósfera para que los líderes de las iglesias locales comprendan la importancia de que la cultura organizativa se adapte a las tendencias de la época, a fin de elaborar estrategias que tengan el máximo impacto.

Enfrentarse al cambio nunca es tarea fácil y requiere planificación y una posible adaptación a las tendencias cambiantes por parte del liderazgo. La habilidad de un líder para influir en los demás en la consecución de un objetivo común puede depender en gran medida del estilo de liderazgo empleado.

Sin un buen liderazgo es difícil, si no imposible, lograr avances sustanciales. Sin embargo, lo que puede considerarse un buen liderazgo durante una época puede no ser eficaz en otra. Lo que se necesita, pues, es que los líderes modifiquen su enfoque para conseguir que los demás alcancen las metas y objetivos de la organización.

Lecciones que podemos aprender de la perspectiva histórica de los modelos de liderazgo

La principal lección que podemos aprender de esta perspectiva histórica es el viejo adagio de que todo sube y baja con el liderazgo. Cuando los líderes son proactivos, no pueden dejarse arrastrar fácilmente por la ola de las tendencias cambiantes de la sociedad. Para que una organización sea relevante, el liderazgo debe adaptar las prácticas sin comprometer los valores. Por eso la Iglesia debe adoptar el liderazgo estratégico. Recordemos que el liderazgo estratégico es la habilidad para ejercer influencia en el rendimiento de una organización. Un líder estratégico tiene la capacidad de superar las principales fuerzas inerciales que impiden que la organización se adapte con éxito a las nuevas tendencias. Un líder estratégico puede inspirar y motivar a las partes interesadas. La función clave de un líder estratégico es crear cohesión entre los miembros de la organización con la visión y el poder necesarios para aplicar el cambio estratégico.

La era preclásica, con su énfasis en el poder centralizado-institucionalizado, se vio obligada a adaptar un nuevo enfoque del liderazgo a medida que la sociedad cambiaba junto con el deseo de separación de poderes entre la religión y el deber figurar. Para hacer frente a los cambios de la sociedad, el liderazgo se vio obligado a descentralizar la autoridad dentro del lugar de trabajo. La época clásica experimentó un entorno de competencia debido al auge del sistema de fábricas. Para hacer frente a la competencia y al crecimiento sustancial se requiere un liderazgo eficaz. Para mantener el crecimiento en medio de la competencia, las fábricas tuvieron que adoptar un enfoque de liderazgo más basado en los incentivos. La era moderna, con sus avances en ciencia y tecnología, tuvo que adoptar la armonía entre trabajadores y directivos para obtener el máximo rendimiento.

La necesidad de armonía y máximo rendimiento dio lugar a

la negociación colectiva, que ya sabemos que son los sindicatos.

¿Puede la Iglesia ser relevante en un mundo cambiante? Creo firmemente que podemos detener la rápida disminución de la asistencia a la iglesia y el crecimiento teniendo en cuenta la declaración de nuestro Señor que, «Los hijos de este mundo son en su generación más sabios que los hijos de la luz» (Lucas 16:8, RV). Podemos ser más sabios usando la creatividad que Dios nos ha dado para influenciar a esta generación con el evangelio de la gracia de Dios a través de nuestro Señor Jesucristo. Nuestro desafío no es el secularismo o el humanismo, sino la falta de liderazgo estratégico. El mundo siempre ha tenido secularistas y humanistas, pero la iglesia ha prevalecido a través de un buen liderazgo y estrategias de alcance. Nuestro problema es la falta de previsión. Como Stetzer (2010) sugiere, la iglesia en un momento en cualquier época ha comenzado «fuerte o experimentar períodos de crecimiento, pero luego se estancan. Patrones y tradiciones que una vez parecieron especiales acaban perdiendo su significado. Las iglesias que antes se centraban en el exterior acaban preocupándose por las cosas equivocadas» (par. 3).

En lugar de preocuparse por las cosas equivocadas, los pastores locales necesitan influir en sus congregaciones para que actúen. Los asuntos difíciles deben tratarse creando un sentido de propósito y propiedad. El pastor debe tener una visión para la iglesia local que esté alineada con la misión de la denominación. La visión debe presentarse a la congregación de manera atractiva para inspirar y motivar a la gente. El pastor no debe tener miedo de plantear preguntas que desafíen suposiciones, tradiciones y creencias. El pastor debe considerar a los demás líderes de la iglesia local como socios estratégicos.

El liderazgo consiste en hacer frente al cambio mediante la planificación y la posible adaptación a las tendencias cambiantes como medio de influir en los demás para que sean eficientes. Sin embargo, lo que muchos afirman sobre sí mismos a menudo no coincide con sus prácticas. Por eso es importante que, para salvar la distancia entre teoría y práctica, los líderes deconstruyan a menudo sus supuestos, modelos, teorías y prácticas de liderazgo. La deconstrucción ayudará al líder a analizar la pertinencia entre lo que se afirma y la realidad práctica. El proceso también permitirá al líder explorar alternativas como medio de salvar la distancia entre lo que se afirma y lo que se practica. En otras palabras, ¿existe relevancia entre lo que un líder afirma sobre sí mismo y las realidades prácticas? Si no es así, ¿existen alternativas que puedan explorarse para ayudar al líder a salvar la distancia entre lo que se afirma y las realidades prácticas? Los líderes suelen hacer afirmaciones basadas en percepciones que no están validadas por pruebas sólidas. Por ejemplo, una persona puede percibirse a sí misma como un líder transformador, asumiendo así que en la práctica ése es el caso. Cuando la realidad lo pone a prueba, esa misma persona podría mostrar rasgos incompatibles con el liderazgo transformacional.

Definición de Deconstrucción

La deconstrucción es el proceso mediante el cual se establecen diferencias entre lo que se afirma y lo que se ofrece. Al diferenciar entre lo que se dice y lo que se hace, se puede deducir la relevancia (Phillips, 2004). Para que cualquier líder pueda ver sin prejuicios la relevancia entre lo que se proclama como estilo y lo que se practica, la mejor práctica sería analizar periódicamente la disparidad que existe entre las teorías propugnadas y la realidad práctica.

La deconstrucción es el medio por el que analizamos críticamente los supuestos que mantenemos sobre nosotros mismos. Este proceso de análisis nos ayuda a identificar alternativas que mejoren nuestra comprensión de las afirmaciones que hacemos de nosotros mismos (King, 2005).

Por ejemplo, una persona puede verse a sí misma como un líder que influye en los demás para que actúen de forma proactiva y consigan innovación y competencia. Otra persona podría verse a sí misma como un líder que motiva a los demás para que asuman la responsabilidad como medio de mejorar la productividad. Otra persona podría verse a sí misma como un líder que se asocia con otros a través de la colaboración.

Deconstruir el Liderazgo como Influencia

¿Existe relevancia entre lo que usted, como líder, afirma sobre cómo influir en los demás para que sean innovadores y competentes? Si no es así, ¿existen alternativas que puedan explorarse para ayudarle, como líder, a salvar la distancia entre lo que se afirma y las realidades prácticas? ¿Tiene usted, como líder, la habilidad de influir en los demás para lograr un objetivo común? ¿Ha creado usted, como líder, el ambiente necesario para que confíen en usted? ¿Pueden otros decir sin dudar que usted, como líder, ha influido en su gente para manejar asuntos difíciles, creando así un sentido de propósito dentro de la iglesia local y la comunidad? Si las respuestas a estas preguntas son afirmativas, entonces, en el ámbito de la influencia, la deconstrucción muestra que lo que se afirma coincide con la práctica. Si las respuestas son negativas, es necesario buscar formas alternativas de liderazgo que puedan salvar la distancia entre lo que usted supone de sí mismo como líder y la realidad práctica.

Deconstruir el Liderazgo como Motivación

La motivación puede sacar lo mejor de las personas. Aunque la motivación puede adoptar diferentes formas, la esencia es aumentar la eficacia satisfaciendo las necesidades de las personas. Como líder que afirma ser motivador, ¿tiene usted un historial de centrarse en las necesidades, aspiraciones y habilidades de los miembros individuales de la iglesia y la comunidad? Como líder que se percibe como motivador, ¿se enfrenta fácilmente a los cambios mediante la planificación y la posible adaptación a las tendencias cambiantes? Como líder, ¿dispone de un plan y un paquete de incentivos para motivar al personal? En función de la respuesta, podrá saber si su percepción está en consonancia con sus prácticas.

Deconstruir el Liderazgo como Asociación

¿Es usted un buen colaborador? Como líder, ¿siempre busca y valora las aportaciones de quienes dirige? La colaboración es algo más que solicitar ideas. Como líder, ¿mantienes la colaboración fomentando y apoyando firmemente nuevas ideas y métodos innovadores? Al colaborar con otros, ¿se asegura usted, como líder, de que las interacciones entre unos y otros no sean más competitivas, sino colaborativas? Basándose en esta deconstrucción, el líder podría darse cuenta de la necesidad de modificar su enfoque o estudiar cómo conseguir que el personal, los voluntarios y los miembros interactúen en colaboración.

Conclusión

Las organizaciones necesitan responsables capaces de alinear los objetivos estratégicos con los factores críticos de éxito que pueden dar a la organización una ventaja competitiva dentro de la comunidad empresarial.

comunidad. La toma de decisiones eficaz dentro de cualquier organización está directamente relacionada con la disponibilidad de información que pueda utilizarse para proporcionar conocimientos y claridad a los responsables de tomar la decisión. Lo que he hecho en este capítulo es hacer llegar la información adecuada a quienes la necesitan (usted, el pastor de la iglesia local) de forma precisa y fiable, cuando más se necesita.

Wren (2004) afirmó: «El estudio del pasado contribuye a tener una imagen más lógica y coherente del presente.

Sin un conocimiento de la historia, los individuos sólo tienen sus propias experiencias limitadas como base para el pensamiento y la acción» (p. 6). Lo que se espera conseguir en este capítulo es llevar a los pastores y líderes eclesiásticos a un punto en el que podamos mirarnos a nosotros mismos de forma proactiva. Como líderes, la responsabilidad recae sobre nosotros. Si estamos dispuestos a enfrentarnos estratégicamente a las tendencias cambiantes, nuestras congregaciones y programas avanzarán en la misma dirección. Que la gracia se os multiplique.

Capítulo Tres

Minería y Análisis tde Datos: Una Guía para un Plan Estratégico Práctico y Razonable

Si la iglesia local debe ser relevante en un mundo postmoderno, el liderazgo debe ser capaz de resolver los problemas de forma proactiva. El liderazgo debe estar dispuesto a aprender, comprender e incorporar principios de extracción y análisis de datos al proceso de planificación estratégica. Para nuestro propósito aquí, daré una breve visión general de la importancia de la identificación de problemas basada en datos. A los líderes que deseen familiarizarse con la minería y el análisis de datos, les recomiendo los siguientes autores y libros sobre el tema.

1. Berry, M. J. A. and G. S. Linoff. *Mastering Data Mining*. New York: Wiley, 2000.

2. Edelstein, H. A. *Introduction to Data Mining and Knowledge Discovery* 3rd ed. Potomac, MD: Two Crows Corp, 1999.

3. Fayyad, U. M. et al. Advances in Knowledge Discovery and Data Mining. Cambridge, MA: MIT Press, 1996.

4. Fernandez, I., A. Gonzalez, and R. Sabherwal. *Knowledge Management: Challenges, Solutions, and Technologies*. Upper Saddle River, NJ: Prentice-Hall, 2004.

5. Han, J. and M. Kamber. *Data Mining: Concepts and Techniques*. New York: Morgan-Kaufman, 2000.

6. Hastie, T., R. Tibshirani, and J. H. Friedman. *TheElements of Statistical Learning: Data Mining, Inference, and Prediction.* New York: Springer, 2001.

7. Pregibon, D. *Data Mining.* Statistical Computing and Graphics, 7, 8. 1997.

8. Weiss, S. M. and N. Indurkhya. *Predictive Data Mining: A Practical Guide.* New York: Morgan-Kaufman, 1997.

9. Westphal, C. and T. Blaxton. *Data Mining Solutions.* New York: Wiley, 1998.

10. Whalen, T. and S. Samaddar. "Post-Modern Management Science: A Likely Convergence of Soft Computing and Knowledge Management Methods." *Human Systems Management* 20(4) (2001): 291.

11. Witten, I. H. and E. Frank. *Data Mining.* New York: Morgan-Kaufmann, 2000.

Dado que este libro se centra en la planificación estratégica dentro de la iglesia local, no se tratarán todos los detalles de la minería de datos. La razón por la que no discutiremos los detalles de la minería de datos es principalmente porque el proceso es más útil cuando se trata de una gran cantidad de datos no relacionados.

La pregunta que podría venir a la mente es por qué sacar el tema de la minería de datos si no se van a discutir los detalles del proceso. La respuesta es sencilla. Muchas iglesias locales, si no todas, carecen de una gran cantidad de datos no relacionados con los que tratar. Algunas iglesias ni siquiera piensan en recolectar datos. Lo que tenemos que entender como líderes de la iglesia es que no podemos desarrollar un plan estratégico ganador razonable y realista sin algún tipo de recolección, minería de datos y análisis. El objetivo de la minería de datos es establecer patrones y predecir resultados.

Los estudiosos sugieren que la identificación de problemas y las intervenciones dependen de la recopilación de datos. La identificación de problemas basada en datos es un método importante porque puede «utilizarse para aclarar un problema, establecer una línea de base y medir la eficacia de las intervenciones» (Burns, 2004, p. 64). La minería de datos es esencial para la gestión estratégica porque los datos pueden ayudar en el proceso de evaluación y diagnóstico. Una vez que los datos han sido utilizados para aclarar y analizar adecuadamente el problema, la dirección puede explorar y seleccionar eficazmente las mejores intervenciones.

Una de las principales ventajas de utilizar datos para planificar es que un análisis adecuado de los datos puede ayudar a los dirigentes a seleccionar la mejor intervención para cualquier problema previsto o existente en la actualidad. Y lo que es más importante, la minería de datos y el análisis hacen que el resultado final del plan estratégico sea fiable y esté validado.

Una desventaja sería la mala interpretación y el análisis erróneo de datos complejos y confusos, lo que llevaría a una intervención defectuosa que podría desacreditar la intención de los líderes.

Comprender la Recopilación de Datos

La recopilación de datos en relación con la planificación estratégica en la iglesia local es simplemente la recopilación de información útil basada en preguntas que son fundamentales para el éxito del sustento y el rendimiento de la iglesia. Por este motivo, al planificar la recopilación de datos, la pregunta que debe plantearse el líder estratégico es ¿cómo puede esta iglesia obtener información útil? Tenga en cuenta que la recopilación de datos es importante para ayudar a la organización a evaluar y diagnosticar patrones de comportamiento y tendencias. La recopilación de datos no debe consistir en cualquier información, sino en información útil. Cuando se recopila información útil en forma de datos, se mejora el proceso de toma de decisiones. Hay seguridad de que las soluciones serán más objetivas y se aclararán las pautas.

Para que el proceso de recopilación de datos sea eficaz, el equipo directivo debe establecer un plan de recopilación de datos (DCP). La razón principal para establecer un plan es que hay más personas implicadas en el proceso y necesitan una guía. Por ejemplo, el pastor principal querrá que los datos se recolecten dentro de un plazo determinado. El plan de recogida de datos (DCP) figurará claramente el calendario y los requisitos previos para recolectar los datos. El plan de recopilación de datos establecerá criterios y parámetros definidos para garantizar que todos los implicados en el proceso estén al mismo nivel.

El plan de recopilación de datos (DCP) debe abordar el «qué», el «por qué», el «dónde», el «quién» y el «cómo» del proceso. El DCP debe figurar claramente por qué son importantes los datos concretos que se desean. En otras palabras, ¿por qué quiere la iglesia local estos datos? Por ejemplo, dependiendo de su situación, puede que quiera saber por qué parece que su iglesia no atrae a más jóvenes. O quizá quiera saber por qué no hay una dinámica constante en la feligresía si ésta siempre fluctúa. Al establecer para qué quieres los datos, sabrás qué información recopilar como útil para el proceso. Si quiere mejorar la asistencia y la feligresía, los registros financieros de los fieles que pagan el diezmo podrían no ser información útil, a menos que quiera predecir la ganancia financiera si se añaden más miembros a la iglesia.

El plan de recogida de datos (DCP) también debe figurar sin ambigüedades la finalidad de los datos. En otras palabras, ¿para qué servirán estos datos a la iglesia local en sus esfuerzos por planificar estratégicamente? Por ejemplo, si el objetivo es aumentar la membresía, ¿cómo ayudarán al proceso los datos que planea recopilar? ¿Ayudarán los datos al equipo a comprender la cultura de la iglesia? ¿Establecerán los datos patrones de comportamiento en la iglesia? ¿Los datos arrojarán luz sobre los puntos fuertes y débiles de los programas de discipulado? Una vez que haya establecido el propósito de los datos, el equipo de liderazgo sabrá exactamente dónde ubicarlos.

La siguiente fase en el DCP es dónde localizar los datos específicos. No todos los datos pueden almacenarse o encontrarse en el mismo lugar. Por ejemplo, los registros financieros y los registros de seguimiento de nuevos visitantes podrían estar ubicados en diferentes oficinas dependiendo del tamaño y el personal de la iglesia local. Si necesita una lista de correo actualizada, ya sabe dónde encontrar los datos. Si necesita una lista de familias que ya no acuden a la iglesia, necesita saber exactamente dónde encontrar esa información. Una vez establecido dónde localizar los datos, debe figurar claramente el tipo de información que desea de entre toda la información disponible en la zona que ha localizado para recolectar sus datos.

Una vez establecido dónde localizar los datos, la siguiente cuestión que debe abordar el DCP es quién debe recolectar qué datos. Todos los miembros del equipo no pueden recolectar datos al azar. Esto dará lugar a confusión y a una falta de gestión del tiempo. Personas concretas deben ser responsables de datos específicos. Por ejemplo, si desea datos financieros, la persona responsable de los registros financieros deberá encargarse de recolectar los datos específicos necesarios. Si necesita saber cuántos miembros se han trasladado fuera de la zona o ya no vienen a la iglesia, debe asignar la responsabilidad de recolectar los datos necesarios a quien tenga los registros. Esto ahorrará tiempo y eliminará tensiones innecesarias en el proceso. Las personas que poseen los registros y tienen un acceso rápido pueden recolectar la información necesaria más rápidamente que alguien que no tiene ni idea de cómo está organizada la información.

Tras establecer por qué se necesitan los datos, comprender sin ambigüedades para qué servirán los datos, dónde localizarlos y quién debe recolectarlos, el DCP debe concluir con cómo recolectar los datos adecuados. Cuando hablamos de cómo recolectar los datos adecuados, estamos diciendo simplemente cuántos datos debe recolectar el equipo. Cuándo se necesitan los datos, ¿hasta qué punto está disponible la información necesaria? ¿Hay requisitos que deban cumplirse para obtener los datos? ¿Necesita el equipo un permiso especial de alguien que no sea el párroco principal para recolectar los datos? ¿Deben recolectarse los datos en muestras, o es necesario revisar toda la información disponible? ¿Existen costes asociados a la recogida de datos y cómo podemos cubrirlos? Éstas son algunas de las cuestiones que deben abordarse al discutir cómo recolectar los datos. No hay que olvidar que el objetivo de la recogida de datos es reunir información útil que ayude en el proceso de toma de decisiones.

Métodos de recopilación de datos

Los métodos de recopilación de datos son muchos y variados, en función de las necesidades y objetivos específicos de La organización. Para nuestro propósito, nos centraremos en los métodos de recopilación de datos basados en la entrevista y la observación directa, aunque básicamente existen cinco tipos de métodos de recopilación de datos.

Las entrevistas son los métodos más comunes de recopilación de datos. El propósito de la entrevista «es obtener las perspectivas de los actores clave» (Happ et al. 2004, p. 240). La entrevista es una forma excelente de profundizar y encontrar soluciones a un problema o situación imperante. La mayoría de las entrevistas se realizan cara a cara con un grupo de discusión o individualmente. Para realizar una entrevista, es regla general obtener un consentimiento informado escrito y/o verbal antes de la entrevista. La dirección puede iniciar el proceso con una guía de temas, pero para fomentar una mayor interacción debe permitir que el proceso de entrevista sea de estilo conversacional, a fin de permitir un seguimiento eficaz de los temas emergentes.

Las entrevistas pueden ser formales o semiestructuradas y pueden ayudar a recabar información que permita obtener una comprensión general o un detalle más específico de la situación. A menudo se utilizan cuestionarios para favorecer el proceso. Aunque las entrevistas pueden ayudar a explorar distintas percepciones sobre el problema y fomentar una mayor participación y aportaciones al proceso, éste suele llevar mucho tiempo (Davis et al., 2004).

Otro método de recopilación de datos recomendado para la iglesia local en relación con la planificación estratégica es la observación directa. En la mayoría de los casos, el tiempo y la longitud de las observaciones «dependen principalmente de la ocurrencia o probabilidad de los hechos que se estudian (Happ et al. 2004, p. 241). La observación directa hará dos cosas por la iglesia local. Ayudará al equipo de liderazgo a descubrir y comprender la cultura de la iglesia y a entender por qué ciertos programas funcionan y otros no logran los resultados deseados. Las observaciones deben realizarse en días consecutivos a distintas horas de la mañana, la tarde y la noche, cuando se espera que se produzcan las situaciones que se están revisando. Las observaciones pueden realizarse mediante el registro de eventos. El registro «de las observaciones de los acontecimientos puede adoptar varias formas [como] grabación de audio, grabación de vídeo, fotografía, herramienta de observación semiestructurada o nota de campo descriptiva» (Happ et al. 2004, p. 242). Por ejemplo, su iglesia local se ha esforzado por atraer a los jóvenes. Ha gastado dinero y tiempo en programas para atraer a los jóvenes, pero parece que sus esfuerzos no están dando los resultados deseados. Para resolver este problema, podría elegir el método de observación directa para recopilar datos. Debe realizar la observación en los días y horas en que se reúne el grupo de jóvenes. El equipo de liderazgo puede aprender patrones y predecir los resultados del programa mediante la observación directa. Aprenderá por qué el programa no está funcionando y qué hay que hacer para que el programa sea más eficiente.

La ventaja de utilizar la observación directa como herramienta de identificación de problemas es que permite al líder estratégico comprender las interacciones internas, así como la cultura, incluidas las subculturas, dentro de la organización y el funcionamiento del sistema. Un vistazo a la red interna puede dar al líder estratégico una idea del problema real. La desventaja podría ser que las personas observadas se sintieran examinadas minuciosamente, lo que podría afectar a su rendimiento. Lo que más preocupa a los expertos es que pueda haber «sesgos en la selección, el registro o la interpretación de los hechos» (Happ et al. 2004, p. 243).

Minería de datos y análisis

La minería de datos predice tendencias y comportamientos. Todas las preguntas que persisten sobre por qué no se llega al grupo objetivo pueden responderse rápidamente. Por ejemplo, entrevistar a los responsables de la difusión entre los jóvenes, si se dispone de ellos, y observar directamente por diversos medios el alcance del programa puede ayudar al equipo directivo a predecir tendencias y comportamientos. La mayoría de las veces hay patrones ocultos que no se ven, y el proceso de minería de datos y análisis puede despegar la escala por así decirlo.

Minería de datos y colaboración

A la hora de desarrollar un plan estratégico, un líder estratégico suele tener la opción de elegir entre actuar como un experto, un par de manos, o colaborar con todas las partes interesadas para abordar un problema (Block, 2002). Mi consejo a los pastores de iglesias locales es que colaboren con las principales partes interesadas en el desarrollo del plan estratégico de la iglesia local. Colaborar con todas las partes interesadas es apropiado porque hace hincapié en un esfuerzo conjunto para resolver los problemas. La intervención colaborativa permite que todos participen activamente en el proceso, ya sea recolectando datos, analizándolos, estableciendo objetivos, desarrollando planes de acción, implementándolos, así como siendo responsables de cada fase o aspecto del proceso.

Las decisiones se toman conjuntamente sobre la base de debates y negociaciones. El objetivo aquí es asegurarse de que los problemas que se resuelven siguen resueltos y de que el equipo de liderazgo de la iglesia local cuenta con la habilidad adecuada para hacer frente a cualquier problema que pueda surgir más adelante.

Para garantizar que el proceso de minería de datos y análisis no se vea socavado u obstaculizado en modo alguno, el liderazgo debe guiar el proceso. Guiar el proceso no significa un control indebido. Simplemente significa que el pastor local, junto con el equipo de liderazgo, debe poner de manifiesto los límites, los beneficios y los objetivos generales del plan estratégico. El proceso está correctamente guiado cuando el liderazgo comunica con claridad la información requerida o los datos necesarios para determinar el alcance del plan estratégico, las funciones de cada parte interesada, el apoyo que el equipo de liderazgo está dispuesto a proporcionar y el calendario del proyecto.

La colaboración tiene el potencial de fortalecer el sistema. Con demasiada frecuencia, los planes estratégicos no producen resultados fructíferos porque se realizan una vez al año o cada tres o cinco años, sin seguimiento ni retroalimentación para mejorar o motivar el rendimiento una vez finalizado hasta la siguiente planificación. Normalmente no se hace nada sobre el resultado del plan o las propuestas anteriores, con lo que se descuida el verdadero propósito del plan estratégico. En la mayoría de los casos, no se revisan los progresos ni se reciben comentarios. A menudo, el proceso se considera una tarea que hay que soportar, lo que se traduce en un tiempo de preparación o un esfuerzo insuficientes.

La colaboración ayudará a la iglesia local a establecer los niveles actuales de rendimiento y a comparar los departamentos o funciones. La colaboración ayudará al líder estratégico a identificar formas de mejorar el rendimiento, individual y colectivamente. La colaboración también ayudará al pastor a establecer objetivos claros para el futuro, al tiempo que evalúa el potencial y el deseo de desarrollo. La colaboración con todas las partes interesadas puede ayudar al personal pastoral a establecer los medios adecuados de motivación, así como a mejorar la comunicación en toda la iglesia local.

Recopilación y análisis de datos

La identificación de problemas basada en datos es un método importante porque puede «utilizarse para aclarar un problema, establecer una línea de base y medir la eficacia de las intervenciones» (Burns 2004, p. 64). El análisis de datos permite al equipo directivo detectar patrones e implicaciones, así como sugerir la aplicación de los datos (Block, 2002). Para determinar cómo avanzar, sería mejor empezar con cualquier plan (no necesariamente un plan estratégico) del pasado o utilizado actualmente, si la iglesia local dispone de uno.

Para garantizar un análisis adecuado de los datos recolectados, los líderes deben estar dispuestos a gastar algo de dinero en computadoras y software. Existen muchos programas informáticos para el análisis de datos que resultan muy útiles. Mi recomendación sería el software de análisis de datos cualitativos (QDAS). El software QDAS gestiona los datos clasificándolos en códigos manejables. Una vez introducidos los datos y asignados los códigos, el software muestra códigos similares al mismo tiempo, así como cada dato en relación con los demás. Sin embargo, la falta de software nunca debe ser una excusa para no planificar estratégicamente. La mayoría de las iglesias locales no disponen de datos sustanciales complicados. Por lo tanto, para la iglesia local, dependiendo del tamaño, se puede desarrollar un plan estratégico bueno y eficaz sin el uso de software de análisis de datos. No utilizamos ningún software durante el primer y segundo planes estratégicos desarrollados para Kingdom Harvest Ministries Inc. en Liberia en 2005 y 2007.

Tanto si se utiliza software de análisis de datos como si no, los datos recolectados deberían ayudar a la iglesia local a preparar un plan estratégico práctico y razonable. Para disponer de un plan estratégico práctico y realista, los líderes deben utilizar los datos recopilados para establecer niveles de rendimiento y puntos de referencia entre departamentos o funciones. Los datos recolectados deben servir para identificar formas de mejorar el rendimiento, individual y colectivamente. Los datos deben analizarse para ayudar a la dirección a fijar objetivos claros para el futuro, así como evaluar el potencial y el deseo de desarrollo y establecer los medios de motivación adecuados. La mejor manera de empezar es tratar de mejorar la comunicación en toda la organización.

La recopilación de datos garantizará que la iglesia local, como organización estratégica, planifique el futuro sin suposiciones. ¿Por qué suponer cuando se dispone de toda la información necesaria y relacionada con la situación sin obstrucciones? Cuando se dispone de los datos adecuados, la organización puede aprender del pasado para mejorar el futuro, aprovechar los éxitos y los puntos fuertes, reconocer los puntos fuertes y las habilidades de las personas, identificar las áreas en las que desarrollar habilidades y conocimientos, valorar la contribución individual y mejorar las relaciones de trabajo mediante una comunicación clara.

Base de Datos

Toda iglesia local debería tener una base de datos. El objetivo de disponer de una base de datos es permitir la organización eficaz de los datos recolectados, de modo que se pueda acceder a su contenido, gestionarlo y actualizarlo fácilmente. La finalidad de la base de datos es proporcionar a los usuarios la capacidad de controlar el acceso de lectura y escritura a las agregaciones de registros o archivos de datos y especificar la generación de informes, así como analizar su uso. La base de datos es esencial para la iglesia local en la medida en que muestra el patrón de cómo los datos recolectados fueron analizados e integrados para alinearse con la visión y misión de la iglesia local.

La creación de una base de datos no debería ser problemática ni costosa. Microsoft Access sería la mejor opción para la iglesia local porque es fácil de usar y rentable. El software puede instalarse sin dificultad. Se puede mantener con un esfuerzo mínimo, acceder a él desde ubicaciones remotas y encontrar soporte y documentación fácilmente. También reduce la complejidad y elimina las tareas orientadas a los detalles.

Una vez que se ha creado una base de datos, todos los departamentos pueden utilizarla tanto para acceder a la información como para almacenarla. Según McGill (2004), el objetivo de la aplicación de bases de datos es ofrecer «a las organizaciones un acceso mejor y más oportuno a la información, una mejora de la calidad de la información, una mejora de la toma de decisiones, una reducción de los retrasos en el desarrollo de aplicaciones y una mejora de las relaciones entre los departamentos de sistemas de información y los usuarios» (p. 41).

Capítulo Cuatro

El impacto de la planificación estratégica en la iglesia local

La falta de planificación estratégica es un factor en el declive de la conversión en el cuerpo de Cristo. Incluso en las iglesias con un fuerte énfasis en la extensión, el discipulado es a menudo deficiente debido a la falta de gestión estratégica. Este capítulo pretende arrojar luz sobre la necesidad de la planificación estratégica dentro de la iglesia local. Discutiremos cómo una iglesia puede crecer a través de la innovación utilizando como ejemplos a mi mentor, el obispo Winker, y mi experiencia pastoral. El objetivo es mostrar que sin una gestión estratégica en la iglesia local, el crecimiento puede convertirse en estancamiento y las conversiones múltiples no pueden materializarse en un discipulado genuino.

El papel de la Innovación en la Gestión Estratégica

El liderazgo estratégico requiere la voluntad de explorar nuevas vías y alternativas. El pastor, como líder estratégico, debe tener la capacidad de afrontar el cambio, estar siempre dispuesto a planificar y estar preparado para adaptarse a las tendencias cambiantes. Siempre debe existir un entorno de trabajo propicio para fomentar la plena participación de todas las partes interesadas. Cuando las personas se sienten parte del proceso, la innovación es posible y eficaz. El pastor debe liderar la creación de un entorno de apoyo que estimule y potencie la innovación.

Para que la innovación prevalezca en la iglesia local, es imprescindible que el personal pastoral cree una cultura en la que se apoyen y fomenten nuevas ideas y métodos innovadores. Este tipo de cultura es posible cuando el líder está dispuesto y emocional e intelectualmente preparado para desafiar «el proceso, inspiró la visión, permitió a otros actuar, [y] modeló el camino» (Bass 1990, 218). Todo líder debe comprender que la creación de una cultura rica en apoyo y dirección es el caldo de cultivo de la innovación.

La innovación florece de verdad en una cultura organizativa próspera que sea flexible, empoderadora, acoja ideas, tolere el riesgo, celebre el éxito, fomente el respeto y aliente la diversión. Para que exista una cultura así, deben estar vigentes estas cuatro cosas: liderazgo, personas, valores básicos y valores innovadores.

Liderazgo

El liderazgo puede moldear actitudes e influir en convicciones y comportamientos. Como tal, un líder puede servir de modelo para muchos. Como modelo, el líder puede inspirar confianza y convicción a sus seguidores. Por ejemplo, cuando tenía unos trece años, conocí a un líder que cambió mi perspectiva y reforzó mis convicciones. Ese líder es el obispo Isaac S. Winker de la Dominion Christian

Fellowship en Monrovia, Liberia, África Occidental. Conocí al obispo Winker en una convención de jóvenes. La forma en que el obispo hablaba e interactuaba con los jóvenes era muy diferente a la de los demás oradores e incluso a la de mi pastor. Aunque el obispo Winker era de mediana edad en aquel momento, comprendía realmente las preocupaciones de los jóvenes y se relacionaba con ellos más a su nivel que cualquier otra persona de la Iglesia. En un momento en que muchos jóvenes se cuestionaban el papel de la fe en sus vidas, el estilo de liderazgo del obispo Winker, de naturaleza más transformadora, influyó en muchos jóvenes para que se replantearan sus prioridades más que cualquier otro de sus compañeros en Liberia.

Otra forma en que el obispo Winker moldeó actitudes y comportamientos es creando una cultura de valores compartidos que abraza el pensamiento creativo y la apertura de nuevos caminos. La motivación del obispo era que si su equipo directivo está contento, satisfecho, dedicado y enérgico, cuidará bien de los miembros de su servicio. Cuando los miembros estén contentos, invitarán a sus amigos y familiares a formar parte de la iglesia. El obispo Winker animó a los jóvenes a que se divirtieran, se vistieran como quisieran y celebraran espectáculos de talentos para ayudarles a descubrir potenciales y desarrollarlos para la gloria de Dios. Como resultado de esta cultura, el obispo Winker fue capaz de cambiar la mentalidad de toda la congregación, afectando así a sus resultados de una manera más competente debido a la cultura de diversión y celebración que prevaleció sin comprometer los valores y principios bíblicos.

El obispo Winker tuvo éxito porque su liderazgo gira en torno a las relaciones. En una época en que la mayoría de los pastores desconfiaban y recelaban de los jóvenes, él entabló una relación con ellos abrazando la creatividad de la juventud. A medida que la relación se profundizaba, la gente empezó a aumentar su confianza en la visión y las estrategias del líder.

Las Personas

Las personas son el activo más fuerte de cualquier organización. Sin embargo, retener a miembros fuertes y enérgicos, especialmente a la generación más joven, parece ser un problema cada vez mayor hoy en día. Los líderes deben plantearse preguntas que les ayuden a potenciar el activo más fuerte: las personas. El poder puede adoptar la forma de mejores oportunidades de incentivos como medio de motivar a los jóvenes trabajadores para que se comprometan con el trabajo o «cultivando relaciones interpersonales intensas y la empatía hacia los individuos» (Bass 1990, 218). A medida que el líder desarrolla esta relación intensa, se crearía la atmósfera que puede ayudar al líder a identificar los puntos fuertes de los miembros y rotarlos a diferentes disciplinas o asignaciones. La rotación del personal y de los miembros como medio de poder permite al personal y a los miembros experimentar diferentes facetas de La organización y luego, posiblemente, hacer una elección de qué disciplina o departamento, tendrían el mayor impacto (Bass 1990).

Capacitar a la generación más joven parece ser un desafío para la mayoría de las organizaciones (Rezak 2004). Sin embargo, un líder innovador explorará todas las vías para asegurarse de que las generaciones más jóvenes están capacitadas, motivadas y firmemente establecidas en la cultura de la organización. Un ejemplo clásico de este tipo de liderazgo innovador es el obispo Winker, que rompió con las tradiciones de la iglesia para llegar a dos grupos de personas, la generación más joven y los intelectuales. No se conformó con la jerarquía de la organización, sino que empoderó valientemente a otros para que asumieran el papel de líderes. Siempre que ve potencial en alguien, sin importar la barrera de la edad, algo muy importante en África, se acerca a esa persona y la ayuda a posicionarse para hacer realidad su sueño. Como resultado, el obispo Winker ha educado en su iglesia a senadores, representantes, alcaldes y ejecutivos que han prestado un buen servicio a Liberia antes, durante y después de la guerra civil.

Dado que las personas son el activo más valioso y poderoso

dentro de la iglesia local, debe hacerse hincapié en una cultura que reúna a cada persona en torno a los valores de La organización. Al reunir a cada persona en torno a los valores de la iglesia local, el líder estratégico fomentará la plena participación en todos los niveles de la iglesia. El objetivo es fortalecer la moral y motivar a todos para que actúen progresivamente, reforzando un autoconcepto o una imagen positivos. Por ejemplo, cuando se elaboró el plan estratégico de Kingdom Harvest Ministries Inc. en Liberia, África Occidental, en 2005, hubo una participación plena en todos los niveles de la organización. El proceso incluyó un taller de planificación estratégica en cada departamento, una serie de entrevistas y una revisión crítica y analítica de las actividades de La organización durante el periodo examinado. Aunque este proceso fomenta la plena participación, el objetivo es establecer el marco a partir del cual cada sector de la organización pueda orientarse con respecto a los objetivos estratégicos. Contar con la cultura adecuada y crear una atmósfera de apropiación en la que se soliciten y valoren las aportaciones a todos los niveles puede generar innovación. El objetivo es proporcionar orientación y mejorar la retroalimentación y la comunicación.

Valores Básicos

Los valores pueden influir en cómo y por qué una persona toma decisiones. Lo más probable es que las personas elijan prácticas y tomen decisiones en función de sus creencias y valores. Por lo tanto, es importante que «sea cual sea el valor intrínseco de las personas, elegir las mejores prácticas que conduzcan a esos valores requiere una creencia verdadera» (Goldman 1999, 75).

Dependiendo de los valores de un líder, podría exigir que cada proposición se justificara con pruebas antes de tomar decisiones. Otro líder podría insistir en crear una atmósfera de colaboración a través de la creación de consenso en función de sus valores. Otro líder podría centrarse en los procesos utilizados para elaborar estrategias y hacer avanzar a la organización (Goldman 1999).

Goldman (1999) cita a Benhabib (1992) diciendo que, dependiendo del valor del líder, el proceso de toma de decisiones podría requerir que «cada participante tenga las mismas oportunidades de iniciar y continuar la comunicación; cada uno debe tener las mismas oportunidades de hacer afirmaciones, recomendaciones y explicaciones; todos deben tener las mismas oportunidades de expresar sus deseos y sentimientos» (p. 77).

Además de la toma de decisiones, los valores pueden ayudar a conformar el comportamiento de todas las partes interesadas dentro de una organización. Los valores organizativos pueden garantizar que todas las partes interesadas se relacionen entre sí de forma que se fomente el compromiso de trabajar en equipo para lograr una mayor productividad y eficacia, así como la profesionalidad en todo lo que se hace en nombre de la organización. Los valores compartidos pueden crear una atmósfera de compromiso para proteger y salvaguardar los activos de la organización en todo momento. Los valores organizativos también pueden influir en los comportamientos en los ámbitos de la integridad, la veracidad, la autenticidad y el compromiso de tratarse unos a otros con respeto y dignidad.

Los valores compartidos de una organización pueden hacerla o deshacerla porque «la columna vertebral de la organización son los principios que la definen, como la confianza, el respeto, el aprendizaje, el compromiso, la inclusión y la contribución» (Wycoff 2004, par. 6). Un líder capaz de congregar a cada trabajador en torno a los valores de la organización y, al mismo tiempo, ser creativo en la aplicación de los objetivos estratégicos de la organización, puede llevar a la organización a tener una ventaja competitiva dentro de la sociedad. El pastor, como gestor estratégico, debe conocer y comunicar claramente los valores básicos de la iglesia local. Cuando el equipo de liderazgo conoce especialmente los valores básicos de la iglesia local, los asumirá como propios a través de un alto grado de coordinación relacional y respeto mutuo. Cuando los valores básicos de la iglesia local se comunican con claridad, se fortalecerán los objetivos estratégicos, y todos se esforzarán por mantener su credibilidad y demostrar que se preocupan por lo que sucede en la iglesia.

Valores de Innovación

La innovación debe ser la mentalidad de la cultura de una organización que valora la creatividad. Una cultura que fomenta la innovación es aquella en la que las personas pueden expresar libremente nuevas ideas y percepciones. Para que prevalezca la innovación, es importante que el líder cree una cultura en la que se apoyen y fomenten nuevas ideas y métodos innovadores. Este tipo de cultura es posible cuando el líder está dispuesto y preparado emocional e intelectualmente para desafiar «el proceso, inspirar la visión, permitir que otros actúen, [y] modelar el camino» (Bass 1990, 218). Todo líder debe comprender que crear una cultura rica en apoyo y dirección es el caldo de cultivo de la innovación. Este tipo de cultura fomenta la confianza, el respeto y la exigencia. También estimula el intelectualismo y fomenta una relación más sólida de orientación y tutoría.

El liderazgo innovador fomenta la plena participación y

mejora el rendimiento mediante una relación interpersonal sana que refuerza la moral y motiva a los demás a la acción progresiva. Como joven pastor en la década de 1990, en un momento en que muchos jóvenes de Liberia (África Occidental) se cuestionaban el papel de la fe en sus vidas debido a la guerra civil, los reuní en torno a valores y principios bíblicos fomentando la plena participación en el proceso de toma de decisiones dentro de la iglesia. Quería ideas nuevas y frescas para llegar a los jóvenes que cada día se veían atraídos a unirse a una de las facciones beligerantes. Seleccioné a los que seguían comprometidos con la Iglesia y aún no se habían unido a las fuerzas combatientes para que me dieran ideas sobre qué enfoque adoptar para animar a los jóvenes a no unirse a los grupos rebeldes y matar a inocentes. De este modo, pude mejorar el compromiso y el rendimiento mediante una relación interpersonal sana que refuerza la moral y motiva a los demás animándolos a perseguir sus sueños sin comprometer su fe.

El centro y el énfasis del liderazgo estratégico no son el control o el poder, sino conseguir que los demás estén motivados para contribuir positivamente al proceso. Bass (2003) figura que el liderazgo «requiere motivar e inspirar, mantener a la gente moviéndose en la dirección correcta, a pesar de los grandes obstáculos al cambio, apelando a necesidades, valores y emociones humanas básicas pero a menudo desaprovechadas» (p. 46). En los primeros días de mi liderazgo pastoral, a pesar de las grandes objeciones de otros pastores y líderes, motivé a los jóvenes para que antepusieran la educación a la piedad. Les dije a los jóvenes que la mejor manera de influir en sus comunidades y ser la luz del mundo era cursar estudios universitarios. Les aconsejé que reflexionaran detenidamente sobre el matrimonio antes de comprometerse. Y lo que es más importante, los jóvenes se sintieron motivados para participar en el proceso de toma de decisiones y en la dirección de la iglesia. Este ejemplo se da aquí para mostrar que uno de los resultados del liderazgo transformacional es el poder a través de la «relación entre individuos... orientada a la visión y el cambio social, no [sólo a los objetivos estipulados] de la organización» (Lawlor 2006, par. 11).

Como se ha figurado al principio de este capítulo, sin una gestión estratégica en la iglesia local, el crecimiento puede convertirse en estancamiento y las conversiones múltiples no pueden materializarse en un auténtico discipulado. Demostraré este punto utilizando mi propia experiencia ministerial como caso de estudio.

Mis años como pastor principal de la Iglesia Bíblica Abierta de Monrovia en Liberia (1992-1999)

Cuando asumí el liderazgo de la iglesia, la feligresía era de 150 personas. Como ya he dicho, en un momento en que muchos jóvenes de Liberia (África Occidental) se cuestionaban el papel de la fe en sus vidas debido a la guerra civil, los reuní en torno a valores y principios bíblicos, fomentando la plena participación en el proceso de toma de decisiones dentro de la iglesia. También me alejé drásticamente de lo que en Liberia denominamos mentalidad misionera (educación limitada y matrimonio precoz por ser cristiano) a pesar de las grandes objeciones de otros líderes del círculo de la iglesia. Incluso permití que las chicas vinieran a la iglesia en pantalones o con lo que pudieran permitirse, ya que las chicas de la ciudad no tenían vestidos de iglesia. No presioné a los jóvenes de la iglesia para que se casaran pronto, como hacían la mayoría de los pastores. En cambio, aconsejaba a los que salían con alguien y les animaba a pensar detenidamente en el matrimonio antes de comprometerse. Motivé a los jóvenes para que antepusieran la educación a la piedad. Animé a los jóvenes a cursar estudios universitarios como medio estratégico para estar en condiciones de servir bien a sus comunidades y a su país. Traté con respeto tanto a los mayores como a los jóvenes y les mantuve en un nivel superior de exigencia y responsabilidad. Y delegué responsabilidades y apoyé a mi equipo de líderes con los recursos necesarios y emocionalmente.

Desde noviembre de 1992 hasta abril de 1999, cuando dimití del liderazgo de esa iglesia local, celebramos tres cultos cada domingo. Fundamos ocho nuevas iglesias y establecimos una escuela secundaria y un instituto bíblico. Teníamos un ministerio de radio y un poderoso ministerio de jóvenes. Mantenía tres seminarios cada año, tres conferencias misioneras cada año y múltiples cruzadas de fundación de iglesias cada año. Tenemos un gran ministerio con las Fuerzas Armadas de Liberia, incluyendo un Centro de Entrenamiento Bíblico que llevó a muchos militares al Señor. Algunos incluso sirven hoy como pastores a tiempo completo.

Sin embargo, con todo este crecimiento, porque no teníamos un plan estratégico, no pudimos sostener el crecimiento y mi deseo de discipulado intencional nunca se realizó. El personal a tiempo completo pasó de tres personas a treinta y ocho. Siempre había fondos disponibles para sostener todo lo que hacíamos sin ningún apoyo externo en medio de la guerra. Sin embargo, al carecer de un plan estratégico básico, no pudimos transformar las numerosas oportunidades en discípulos genuinos e intencionales de Cristo, como deseábamos.

Líderes de la Iglesia, tenemos que entender que la dirección estratégica permite a las personas hacer frente con eficacia a los efectos e impactos del cambio dentro de una organización. La gestión estratégica permite a una organización alinear el «qué y el por qué» de la organización con el «cómo y el cuándo», capacitando así a quienes forman parte de la organización para hacer frente mejor a las tendencias cambiantes con el fin de elaborar estrategias que tengan el máximo impacto. Debido a la falta de gestión estratégica, no pudimos alinear el «qué y por qué» de la iglesia local con el «cómo y cuándo». Como resultado, la organización no estaba mejor equipada para hacer frente al rápido crecimiento y a los cambios que estábamos experimentando.

Cuando falta un liderazgo estratégico, resulta difícil establecer y afirmar un sentido de identidad para la organización. Sin un plan estratégico, no podemos ofrecer una visión de futuro atractiva. Aunque se produzcan avances, sin un plan estratégico la iglesia local no puede desarrollar una identidad colectiva profunda que potencie la autoeficacia individual y colectiva (Conger 1999). Debido a un conflicto interno entre la jerarquía denominacional, en abril de 1999 dimití del pastorado de la iglesia en la que estaba experimentando un rápido crecimiento. Para evitar una ruptura importante, presenté mi dimisión con un año de antelación y trabajé con los líderes denominacionales y locales para garantizar una transición sin problemas. Sin embargo, al no existir un plan estratégico, la transición no fue tan fluida como esperábamos. La gente estaba preocupada por el futuro de la iglesia. Aunque la denominación disponía de un año para preparar mi salida, la falta de un plan estratégico hacía difícil ofrecer una visión atractiva del futuro sin mi liderazgo. Aunque tuvimos un servicio de despedida muy concurrido, las tensiones eran elevadas y los sentimientos estaban heridos por ambas partes. Prediqué un sermón titulado La separación es necesaria utilizando la historia de Pablo y Bernabé. Recibí regalos y elogios por mi liderazgo. Sin embargo, justo después del servicio, la gente se insultaba y se hacía las declaraciones más despectivas. Si hubiéramos tenido un plan estratégico para que la congregación avanzara con fluidez, el episodio de aquel día se habría evitado.

Fase inicial de KHM (1999–2004)

Después de dimitir de la denominación bíblica abierta, establecí Kingdom Harvest Ministries Inc. como un movimiento de establecimiento de iglesias. En un año, teníamos tres iglesias y una escuela secundaria. Se estaban haciendo planes para establecer otra iglesia en una de las ciudades e iniciar una escuela secundaria en la iglesia sede. Mi liderazgo de confianza junto con mi celo y mis enseñanzas sobre la fundación de iglesias y el discipulado intencional condujeron a un rápido crecimiento, más que cuando estaba en mi anterior iglesia. Dentro de la etapa inicial de funcionamiento, me fui de Liberia a los EE.UU. en una conferencia. Mientras estaba en los EE.UU., otra fase de la guerra estalló en Liberia. Como consecuencia, no pude regresar y, al cabo de un año, obtuve un visado por diversidad (un visado de residente permanente) para que mi familia se trasladara a EEUU.

Como me fui de Liberia sin un plan estratégico, los nuevos dirigentes fueron incapaces de alinear el «qué» y el «por qué» de la organización con el «cómo» y el «cuándo». Como resultado de la falta de liderazgo estratégico, el equipo de liderazgo y los miembros de Kingdom Harvest Ministries no fueron capacitados para hacer frente mejor a las tendencias cambiantes con el fin de elaborar estrategias para lograr el máximo impacto. El liderazgo ahora está más centrado en el control y el poder en lugar de conseguir que los miembros estén motivados para contribuir positivamente al proceso. La falta de un plan estratégico que hubiera servido de hoja de ruta creó una situación en la que cada líder hacía lo que le parecía mejor sin coordinación ni cooperación. Como resultado, el ministerio no pudo seguir avanzando en la dirección correcta. Se produjo un descenso en el número de miembros, se cerró la escuela secundaria y todos los recursos y esfuerzos se centraron en la escuela secundaria de la iglesia sede. Entre 2000 y 2004, dos de los pastores se separaron de sus congregaciones. Hubo tensiones constantes entre los equipos pastorales de la iglesia sede. En lugar de convertirse en un movimiento de fundación de iglesias, KHM luchaba por sobrevivir. Aunque visité Liberia una vez al año durante este periodo de crisis y ayudé a poner en marcha algunas cosas durante las dos semanas que estoy allí, el cambio nunca fue efectivo. Perdimos mucho dinero en programas que no funcionaron. Parece como si tuviéramos grandes obstáculos para el cambio, y los dirigentes fueran incapaces de apelar a las necesidades humanas básicas pero a menudo desaprovechadas, a los valores y a las emociones de la gente.

Algunos de los que leen esto podrían decir que el ejemplo dado es el resultado de un vacío de liderazgo debido a mi abrupta salida de escena como visionario. Pero, como veremos más adelante, el problema era algo más que un vacío de liderazgo. Era el impacto de la falta de liderazgo estratégico. Se dice que las personas «se comportan de maneras que buscan establecer y afirmar un sentido de identidad para [ellas mismas]» (Conger 1999, 145). Si hubiéramos tenido un plan estratégico, el equipo directivo en mi ausencia se habría visto obligado a coordinar sus esfuerzos y cooperar entre sí. El plan estratégico no sólo sería una hoja de ruta, sino que también habría establecido un sentido de identidad para el grupo. El plan estratégico habría obligado a los líderes a ser estratégicos en todo lo que hacen. Como líderes estratégicos, habrían vinculado su sentido de identidad a los objetivos y experiencias colectivas asociados a las misiones de KHM, cambiando así la percepción de la naturaleza del propio trabajo, ofreciendo una visión de futuro atractiva, desarrollando una profunda identidad colectiva y aumentando la autoeficacia individual y colectiva.

Beneficios de la gestión estratégica en la Iglesia local

El principal beneficio que obtendrá la iglesia local al adoptar la gestión estratégica es que la iglesia se convertirá en un agente de cambio. Toda iglesia local debe convertirse en un agente de cambio dentro de la comunidad. Si la iglesia local quiere ser relevante en un mundo postmoderno, debe haber un cambio hacia la gestión estratégica. Jesús dijo que su iglesia debe ser sabia como una serpiente y mansa como una paloma. Es la sabiduría la que hará a la iglesia más relevante que cualquier cosa que el mundo ofrezca hoy. Para que la iglesia local se convierta en un verdadero agente de cambio dentro de la comunidad, el liderazgo debe poner en marcha un plan que les ayude a tomar decisiones concisas y claras de manera oportuna, especialmente en tiempos críticos y estresantes. Este proceso requiere cultivar la autodisciplina y examinar y mejorar continuamente el proceso de toma de decisiones con el objetivo de eliminar la confusión y aumentar drásticamente la claridad (Kopeikina 2006).

Para convertirse en un agente de cambio dentro de la comunidad, la iglesia debe marcar el ritmo de la vinculación entre innovación y liderazgo transformacional. En otras palabras, la iglesia debe hacer hincapié en una cultura que reúna a todos los miembros en torno a los valores de la organización y, al mismo tiempo, sea creativa a la hora de aplicar la estrategia empresarial (misiones) de la organización. El proceso de reunir a cada miembro en torno a los valores de la organización es posible cuando el líder se ve a sí mismo como un socio de cada miembro de la organización. Esta asociación se amplía a través de una relación de tutoría y entrenamiento con el objetivo de sacar lo mejor de cada persona.

La iglesia debe desarrollar un plan que fomente la participación en iniciativas comunitarias de base sin alienar a los que no pertenecen a la iglesia. Si queremos ser inofensivos como una paloma, como dijo Jesús, debemos usar la sabiduría para atraer a la gente al Señor. Jesús no juzgaba a la gente. Él afectó las vidas de todos dondequiera que fue y trajo un cambio significativo. El establecimiento religioso de sus días siempre estaba enojado por la manera en que Jesús alcanzaba a aquellos que necesitaban salvación. ¿Por qué no podemos hacerlo nosotros?

Para los Ministerios de la Cosecha del Reino en Liberia, una de las formas en que estamos trabajando proactivamente para ser un agente de cambio dentro de cada comunidad donde tenemos una entidad es a través de una revisión periódica del plan estratégico que se desarrolló por primera vez en 2005. Conscientes de que para alcanzar con éxito la visión de una organización es fundamental contar con una estrategia eficaz y bien aplicada, el plan estratégico se revisará periódicamente en todos los niveles de la organización para garantizar que los objetivos a largo plazo se ajustan adecuadamente a la misión y los valores fundamentales de la organización. Esto se debe a que reconozco el hecho de que una estrategia bien elaborada y correctamente aplicada puede posicionar a una organización para lanzarse con éxito hacia su futuro. Para lograr lo anterior, revisaremos trimestralmente el plan estratégico a todos los niveles. El proceso incluirá un taller de planificación estratégica en cada departamento, una serie de entrevistas, así como una revisión crítica y analítica de las actividades de La organización durante el tiempo revisado. Aunque este proceso fomenta la plena participación, el objetivo es establecer el marco a partir del cual cada sector de la organización pueda orientarse con respecto a los objetivos estratégicos. Este plan prepara el terreno para nuevas percepciones, ideas y avances inesperados, porque la cultura crea una atmósfera en la que las personas estarán «físicamente relajadas, emocionalmente positivas, felices, liberadas del miedo y la ansiedad; cargadas de poder, éxito, confianza en sí mismas y energía, totalmente en el presente y mentalmente centradas en la tarea que tienen entre manos» (Kopeikina 2006, 2).

Otro beneficio de la gestión estratégica en la iglesia local es que el liderazgo creará una cultura de propiedad. Contar con la cultura adecuada y crear una atmósfera de propiedad en la que se soliciten y valoren las aportaciones a todos los niveles puede generar innovación. El liderazgo debe tener una estrategia que pueda potenciar la cultura de la innovación. La estrategia consiste en solicitar aportaciones de las partes interesadas internas y externas, porque el concepto «de crear un gran avance requiere un proceso de mirar hacia fuera y hacia dentro; a los clientes, proveedores y competidores; a los cambios demográficos, las tendencias, la economía, las normativas y los entornos políticos» (Wycoff 2004, par. 7). El objetivo de solicitar aportaciones externas es basarse en los conceptos y poner en marcha una estrategia por parte de la dirección para garantizar que los conceptos modificados se apliquen eficazmente. La estrategia de aplicación analizará cómo se obtendrán y asignarán los recursos para un funcionamiento sin problemas. Se establecerán puntos de referencia junto con objetivos a corto y largo plazo que sean mensurables y puedan conducir a la competencia. Los objetivos son proporcionar dirección y mejorar la retroalimentación y la comunicación en el proceso innovador.

Tomar decisiones con claridad de forma rápida y sencilla es otro beneficio que obtenemos al adoptar la gestión estratégica dentro de la iglesia local. Este proceso requiere que se lleven registros de todas las decisiones difíciles. El objetivo es estimular la perspicacia y la innovación en cada proceso de toma de decisiones. Los registros ayudarán a la organización a determinar por qué el asunto era difícil y la eficacia de los métodos empleados. Este proceso ayudará al equipo directivo a «ver patrones y obtener información crítica sobre cómo aprendimos a tomar decisiones... y qué hábitos de toma de decisiones desarrollamos con el tiempo» (Kopeikina 2006, 1).

Adoptar la gestión estratégica permitirá a la iglesia local desarrollar una estrategia de implementación de cualquier plan estratégico. Un plan estratégico es tan bueno como su estrategia de aplicación. Una estrategia bien desarrollada y correctamente aplicada es la clave para lanzar con éxito a cualquier organización hacia su futuro. Por ello, el liderazgo estratégico se centra en estrategias que puedan mejorar la eficacia de la aplicación. La estrategia de implementación servirá como hoja de ruta estratégica para ayudar a alinear el plan de liderazgo con las realidades y tendencias. La estrategia de implementación ayudará al liderazgo de la iglesia local a hacer lo siguiente:

a. Establecer hitos que permitan la realización de la visión.

b. Definir alternativas estratégicas y los objetivos correspondientes que potenciarán la realización de la visión.

c. Garantizar el control y la evaluación de todo el proceso.

d. Garantizar la rendición de cuentas, ya que las responsabilidades están claramente definidas y los responsables de la ejecución claramente identificados.

e. Crear la oportunidad de supervisar y evaluar los hitos.

La gestión estratégica fomenta la diversidad. La diversidad tiene el potencial de engendrar innovación. Por lo tanto, la dirección debe fomentar todos los estilos de pensamiento, perspectivas y experiencias para garantizar que el ambiente sea propicio para la innovación. Sin embargo, la dirección debe darse cuenta y dejar claro que no es posible poner en práctica todas las ideas de todas las partes interesadas. Por lo tanto, la estrategia de aplicación incluirá directrices para evaluar las ideas y evitar que se pase por alto una idea seductora que no encaja.

La gestión estratégica potencia el alcance mundial. Un viejo adagio figura que ningún hombre es una isla. La supervivencia y el éxito dependen en mayor medida de la interacción y la interrelación con los demás. Hoy en día, muchas organizaciones interactúan e interrelacionan con otras en una sociedad global a través de proyectos, elementos culturales, políticos, geográficos, etc. para sobrevivir y tener éxito. La iglesia debe aprender a interactuar e interrelacionarse con otros dentro del cuerpo de Cristo para un alcance global.

Alcance nacional y mundial

Un alcance global tiene características diferentes a las de un alcance o proyecto nacional, básicamente debido al hecho de que se trata de un cruce de funciones, lugar de trabajo, mercado, cultura y productos. La gestión y la planificación estratégicas crearán la vía para que la iglesia local aborde los esfuerzos de difusión con flexibilidad, comunicación eficaz, proyección de valores y fomento del trabajo en equipo por encima del rendimiento individual. Los proyectos de alcance mundial conllevan barreras lingüísticas, culturales, consuetudinarias, geográficas, políticas, comunicativas e incluso éticas.

Tanto las campañas nacionales como las internacionales deben estar bien planificadas y necesitan un objetivo y un calendario concretos para ser eficaces y tener éxito. Los proyectos de alcance nacional e internacional deben ser bien gestionados, evaluados y auditados para garantizar una conclusión satisfactoria. Ya sea nacional o mundial, ningún proyecto debe convertirse en un programa perpetuo, sino que debe tener un final definido que se describa adecuadamente durante la fase de planificación. Los proyectos nacionales y mundiales pueden verse obstaculizados por problemas como una planificación deficiente. No definir claramente un proyecto, tomar decisiones equivocadas y una comunicación inadecuada durante la fase de planificación pueden suponer un obstáculo que entorpezca el proyecto. Otro obstáculo puede ser una mala programación. Si no se respetan los calendarios y no se mantienen reuniones con frecuencia, un proyecto puede verse muy obstaculizado. La mala organización es una plataforma para el fracaso. Si el proyecto no está bien organizado y gestionado, si no se delegan adecuadamente las responsabilidades y no se mantiene a las personas responsables, la estructura del proyecto puede resentirse mucho e imposibilitar el cumplimiento del calendario y la gestión de los recursos. La falta de dirección puede ralentizar el avance del proyecto o los esfuerzos de divulgación. Si las tareas necesarias para cerrar el proyecto no están bien coordinadas, si las responsabilidades no se comunican plenamente, si la dirección no puede decir o dirigir cómo empezar y terminar el proyecto o los esfuerzos de divulgación, y si no hay un compromiso sobre cómo se ejecutará el proyecto, su éxito se verá obstaculizado. Para que los proyectos tengan éxito debe haber control. La supervisión y el seguimiento son claves para controlar el proyecto o reconocer los problemas asociados a él (Gray 2002).

Existen desafíos asociados a la proyección mundial.

Muchas iglesias occidentales cuentan con un programa de ayuda directa o colaboran en misiones con iglesias africanas o de países en vías de desarrollo. Expondremos algunos de estos desafíos con el fin de poner de manifiesto la necesidad esencial de una gestión estratégica dentro de la iglesia local. Algunos de los desafíos son el control del progreso, la comunicación, la unión como grupo y la realización puntual de las tareas asignadas. Los ejemplos presentados se basan en experiencias reales con Kingdom Harvest Ministries en Liberia y una iglesia local aquí en los Estados Unidos. Los ejemplos se dan para ayudar a las iglesias y organizaciones que están en asociación con iglesias u organizaciones en otras partes del mundo para minimizar las pérdidas y mejorar la eficiencia. Espero y oro para que nadie que lea esto malinterprete lo que quiero decir. Si eso ocurre, entonces no me he comunicado bien. Dicho esto, consideremos algunos de los desafíos asociados a la proyección mundial.

El desafío más importante es el de la comunicación. El éxito de cualquier proyecto depende de una comunicación adecuada. Al emprender un proyecto de alcance mundial, debemos tener presente que la claridad es esencial. Si la comunicación no es clara, los malentendidos pueden obstaculizar gravemente el progreso del proyecto. Por ejemplo, una iglesia local de EE.UU. ha estado asociada con Kingdom Harvest Ministries en Liberia, África Occidental. En 2008, se envió a Liberia un contenedor de 40 pies con artículos variados para las iglesias, materiales de construcción para una iglesia que nuestro socio nos estaba ayudando a erigir, así como herramientas que se utilizarían tanto para la construcción como para una escuela de formación profesional. Cuando se envió el manifiesto del contenedor a los dirigentes en Liberia, se adjuntó una nota que decía: «No llevar al puerto, sólo para fines de distribución». Como consecuencia de esa nota, el proceso de sacar el contenedor del puerto de Monrovia se retrasó. Cuando la autoridad portuaria pidió el manifiesto de los artículos que contenía el contenedor, los dirigentes de Liberia no tenían nada con lo que trabajar, aunque llevaban consigo el manifiesto completo. Esa nota creó dificultades al equipo de Liberia. Como consecuencia de la falta de claridad, el contenedor estuvo retenido en el puerto hasta que llegamos a Liberia en 2009. Tardé cuatro días en sacar finalmente el contenedor del puerto y en pagar una multa por no haber declarado todos los artículos que contenía. Algunos de los artículos, como un generador de 200 KVA y algunas bicicletas, fueron retirados del contenedor hasta que se pagó la multa antes de que nos lo entregaran. Si no se hubiera incluido esa nota cuando se envió el manifiesto, nunca habríamos tenido todas las dificultades con las que nos encontramos. Lo que debería haber dicho esa nota era «Utilizar esta misma información para la distribución». Cuando se compiló el manifiesto, se hizo de manera que la distribución de los artículos a las distintas iglesias y escuelas fuera más fácil.

Otro desafío de la difusión o el proyecto global sería controlar el progreso del proyecto. Esto puede solucionarse estableciendo unas normas básicas al principio del proyecto y desarrollando un sistema de seguimiento que garantice que todo el mundo va al mismo ritmo. El gestor del proyecto puede utilizar el sistema de seguimiento para fomentar una mayor participación y dar enfoque y dirección al proyecto. Por ejemplo, en 2009, un equipo de EE.UU. viajó conmigo a Liberia para la construcción del edificio de una iglesia. Antes de ese viaje, mientras estaba en Liberia en 2007, el pastor (un hombre que ama a la gente de Liberia y motivó a su iglesia local a asociarse con KHM), que fue invitado a nuestra convención de 2007 en Liberia, prometió que su iglesia local nos ayudaría a construir un santuario de mil asientos que habíamos estado orando para que se construyera en un área que estaba madura para una nueva iglesia. Cuando regresó a EE.UU., motivó y movilizó a su congregación. Se recaudaron fondos y se enviaron a Liberia para la compra del terreno y la colocación de los cimientos del edificio. Para controlar y hacer un seguimiento del progreso del proyecto, el equipo directivo de Liberia decidió que, tras los cimientos, la siguiente fase sería la colocación de pilares y, a continuación, el tejado. Sin embargo, el equipo de Liberia no estableció una regla básica al principio del proyecto. Como resultado de la falta de establecimiento de una regla básica, junto con la excitación de que se estaba construyendo una nueva iglesia en colaboración con los EE.UU., la coordinación fue muy floja. El pastor de la iglesia que se estaba construyendo y su equipo de liderazgo no se coordinaron con el equipo del proyecto (un grupo de profesionales interdisciplinarios que se ocupa de todos los proyectos en Liberia) de KHM. Debido a esta falta de coordinación, surgieron tensiones entre el equipo del proyecto y los dirigentes de la iglesia local. La tensión hizo que el equipo del proyecto retrocediera, dejando al cargo a personas que no sabían mucho de gestión de proyectos. Como consecuencia, los recursos no se asignaron adecuadamente y se descuidó el plan original de cómo proceder, lo que provocó contratiempos. La construcción nunca se completó en el plazo fijado inicialmente por el equipo del proyecto. Estoy seguro de que los pastores que lean este libro y otros que hayan colaborado en países en vías de desarrollo pueden dar fe de que, la mayoría de las veces, los proyectos nunca se terminan a tiempo. Podemos abordar este problema estableciendo normas básicas al principio del proyecto y desarrollando un sistema de seguimiento que garantice que todo el mundo va al mismo ritmo. La sensibilidad cultural también es un desafío en la difusión mundial. Trabajar con personas de múltiples orígenes étnicos y sociopolíticos nunca es fácil. La estructura y la naturaleza del equipo plantearon serios desafíos. Es esencial para el éxito del equipo y la ejecución del proyecto que el director del proyecto sea plenamente consciente de las diferencias culturales y posea la etiqueta adecuada para proyectar un proyecto global. Esta concienciación ayudará a evitar problemas sociales que podrían afectar negativamente al resultado o al progreso del proyecto (Ray 2004).

Continuaré con el ejemplo de Kingdom Harvest Ministries en Liberia para mostrar cómo la falta de sensibilidad cultural puede afectar negativamente al resultado de un alcance global. En 2009, un equipo fue a Liberia conmigo, ya que esperábamos completar la construcción de un santuario de mil asientos. El plan (aunque no se siguió del todo, como se ha figurado anteriormente) consistía en levantar los pilares después de la cimentación del edificio. Una vez colocados los pilares, se colocaría el tejado. El objetivo era garantizar que los fondos procedentes de EE.UU. se utilizaran sabiamente. Como la mayoría de los miembros de la nueva iglesia eran jóvenes y estudiantes, si el dinero de ultramar se gastaba en los aspectos principales del edificio, sería más fácil terminar el proyecto a tiempo. Cuando el equipo de los EE.UU. llegó a Liberia, su objetivo al parecer era poner ladrillos (levantar las paredes del edificio). Cuando el jefe del equipo de EE.UU. no encontró ningún ladrillo en el lugar, se puso furioso.

Compartió su decepción con miembros de la dirección en Liberia antes incluso de hablar conmigo. Culturalmente, cuando una autoridad está disgustada, la gente hace todo lo posible por apaciguarla siguiendo sus deseos. Mientras estaba en el puerto de Monrovia intentando sacar el contenedor que mencioné antes, el pastor de la iglesia local reunió a algunos de sus miembros y decidieron conseguir ladrillos. En una hora, consiguieron ladrillos por valor de unos 3.000 dólares. El equipo de EE.UU. se alegró y todos empezaron a poner ladrillos. El entusiasmo era grande, pero había un problema que iba a retrasar la finalización del proyecto.

El plano del edificio se diseñó aquí, en Estados Unidos. El santuario principal no tenía pilares de apoyo. Eso significaba cerchas de acero para el tejado. Como los fondos que el equipo se llevó a Liberia se gastaron en ladrillos, cemento y todo lo necesario para levantar las paredes, se descuidó el tejado. Ahora tenemos un edificio a la altura del tejado, pero localmente es difícil reunir 10.000 dólares para cerchas de acero. Si el jefe del equipo de EE.UU. hubiera comprendido que en nuestra cultura, cuando un líder está molesto, la gente normalmente no se toma el tiempo de explicar por qué, sino que simplemente se pone de acuerdo, habríamos terminado el edificio a tiempo. Es más fácil levantar las paredes de un edificio una vez que los pilares y el tejado están colocados. Aunque se consigan 100 dólares de vez en cuando, con esa cantidad se pueden comprar ladrillos. Con el tejado hace falta habilidad, y la Compañía contratada para construirlo no está dispuesta a aceptar 100 dólares de aquí y de allá. Quieren un anticipo del 60% y el resto cuando hayan terminado. Si alguien me hubiera llamado estando en el puerto, habríamos evitado ese error. El propósito de este ejemplo no es culpar a nadie, sino señalar que la sensibilidad cultural es un gran desafío en el ámbito internacional. Trabajar con personas de múltiples orígenes étnicos y sociopolíticos nunca es fácil. Para que el proyecto se lleve a cabo con éxito, es esencial que las personas sean plenamente conscientes de las diferencias culturales. Esta concienciación ayudará a evitar problemas sociales que podrían afectar negativamente al resultado o al progreso del proyecto.

Un proyecto global puede ser eficaz si los directores de proyecto aprenden a establecer relaciones mediante el protocolo y el proceso correctos. Deben buscar conocimientos prácticos sobre la cultura en la que se desarrolla el proyecto como un paso proactivo para ayudar a la organización a tener más éxito con las operaciones en el extranjero. La búsqueda de conocimientos sobre la cultura puede llevar al director del proyecto y a otros miembros del equipo de la suposición. Sin embargo, los conocimientos adquiridos no deben ser utilizados por los gestores de proyectos y las organizaciones para desarrollar un estereotipo que pueda dar lugar a comportamientos embarazosos y ralentizar el progreso. Y lo que es más importante, los gestores de proyectos deben asegurarse de que todos los miembros del equipo se respetan mutuamente y se relacionan de forma adecuada.

Capítulo Cinco

Comprender los paradigmas organizativos y adaptarse para maximizar la relevancia en un mundo posmoderno

Los paradigmas organizativos se refieren a los enfoques que emplean las organizaciones para facilitar el proceso de toma de decisiones de forma que aumente la eficacia y la productividad. Aunque cada organización es única, las estructuras y los diseños organizativos están impulsados por el paradigma. Existen básicamente tres paradigmas organizativos estratégicos, a saber, el racional, el natural y el de sistemas abiertos (en este capítulo se ofrece una visión general de cada uno de ellos). Mientras cursaba mi doctorado en liderazgo organizativo, una de mis tareas consistió en crear un nuevo paradigma organizativo y analizar las formas en que una organización existente podría funcionar dentro de ese paradigma. Ese nuevo paradigma es el tema de otro libro y de mi tesis doctoral. Lo que espero hacer en este capítulo es mostrar cómo la gestión estratégica puede mejorar el paradigma organizativo de la iglesia local de forma que ayude a la iglesia a sostenerse y a adaptarse para que el futuro incluya cambios en las estructuras y los procesos.

Panorama de los Paradigmas Organizativos Actuales

Existen tres clasificaciones de paradigmas organizativos. Son los sistemas racionales, naturales y abiertos. Al comparar y contrastar los paradigmas organizativos, Scott y Davis (2007) subrayaron que tanto el enfoque racional como el de los sistemas naturales ven las organizaciones como un «sistema cerrado, separado de su entorno y que abarca un conjunto de participantes estables y fácilmente identificables» (p. 31), pero que «las tres perspectivas entran parcialmente en conflicto, se solapan parcialmente y se complementan parcialmente» (p. 32). El sistema abierto hace hincapié en la interrelación y la conexión entre la organización y su entorno, mientras que «los objetivos de la organización y su relación con el comportamiento de los participantes son mucho más problemáticos para el teórico del sistema natural que para el racional» (p. 60).

El Sistema Racional

El sistema racional se centra tanto en las características distintivas como en las estructuras normativas de la organización. Scott y Davis (2007) clasifican el sistema racional como «colectividades altamente formalizadas y orientadas a la consecución de objetivos específicos» (p. 34). El sistema racional se formaliza con el objetivo de «hacer más predecible el comportamiento normalizándolo y regulándolo» (p. 37). La esencia de la regulación del comportamiento es «permitir expectativas estables» (p. 37). La estructura formalizada tal y como la practica el sistema racional permite a los empleados diagramar las estructuras sociales y los flujos de trabajo, permitiéndoles representar estas relaciones y procesos con la posibilidad de manipularlos conscientemente -diseñando y rediseñando la división de responsabilidades, el flujo de información o materiales, o las formas en que los participantes se reportan unos a otros (p. 38).

El énfasis del sistema racional no está en la formulación de objetivos, sino en el diseño de la estrategia adecuada para mejorar la aplicación de los objetivos. En Scott y Davis (2007) se cita a Mannheim (1950) para aclarar que el sistema racional se centra en «la medida en que una serie de acciones se organiza de manera que conduzca a objetivos predeterminados con la máxima eficacia» (p. 35).

El Sistema Natural

El sistema natural se centra en los atributos e intereses comunes de la organización. Según Scott y Davis (2007), se hace hincapié en la creación de una atmósfera de colaboración y asociación cooperativa para mejorar «la estabilidad y continuidad de la organización» (p. 30). Así, el sistema natural puede clasificarse «como [un] sistema social, forjado por consenso o conflicto, que busca sobrevivir» (p. 34). El deseo o la necesidad de sobrevivir suele empujar a las organizaciones que se adhieren al enfoque del sistema natural a no dedicar «todos sus recursos a producir productos o servicios; [sino que] cada una debe gastar energías en mantenerse a sí misma» (p. 60). La necesidad de continuidad hace que la dirección concentre sus esfuerzos en «lo que se hace más que en lo que se decide o planifica» (p. 62).

El Sistema Abierto

El sistema abierto hace hincapié en la interrelación y la conexión entre la organización y su entorno (Scott y Davis, 2007). El paradigma del sistema abierto puede resumirse «como actividades que implican coaliciones de participantes con intereses diversos integrados en entornos más amplios» (p. 34). Scott y Davies (2007) citan a Swinth (1974) cuando afirma que una organización de sistema abierto puede considerarse un sistema cibernético si se hace hincapié en «la importancia de los centros de operaciones, control y política, y los flujos entre ellos» (pág. 91). Scott y Davies (2007) citan a Buckley (1967) cuando afirma que el sistema cibernético está «dirigido [y no] orientado a objetivos» (p. 92).

Cada paradigma organizativo hace hincapié en la necesidad de estructura y comportamiento de forma ligeramente diferente, pero cada uno «se solapa parcialmente y se complementa parcialmente» (Scott y Davis 2007, 32). Cada uno de ellos hace hincapié en la orientación a objetivos, la dirección por objetivos o el comportamiento. Lo importante es que cada una de ellas trata de promover un modelo que mejore la toma de decisiones y la competencia en todos los niveles de la organización.

Gestión estratégica y paradigma organizativo

La gestión estratégica, cuando se entiende y aplica correctamente, puede ayudar a la iglesia local de muchas maneras. La gestión estratégica vincula la innovación y el liderazgo transformacional. Cuando existe una fuerte red de apoyo dentro de la jerarquía denominacional, el pastor local puede ser innovador sin temor a caer en desgracia con el liderazgo de la denominación. Los líderes denominacionales deben darse cuenta de que cada pastor necesita un pastor que le sirva de mentor y entrenador con el objetivo de sacar lo mejor del pastor. Por lo tanto, las iglesias deben hacer hincapié en un paradigma que fomente la asociación y la colaboración flexible. Al fomentar la asociación y la colaboración flexibles, se anima a los pastores locales a abrirse a las nuevas ideas de cada miembro del equipo.

La gestión estratégica, con su énfasis en la asociación, la colaboración y la creatividad, producirá la cultura adecuada y creará una atmósfera de apropiación en la que se solicitarán y valorarán las aportaciones en todos los niveles de la organización o de la iglesia local. La gestión estratégica se centra en las asociaciones tanto internas como externas. El sistema exige que cada idea o concepto se redacte por escrito y se someta a debate dentro del equipo. Dado que «la innovación que comienza con una sesión interna de tormenta de ideas rara vez dará como resultado otra cosa que pálidos conceptos incrementales» (Wycoff 2004, par. 7), la gestión estratégica promueve la solicitud de aportaciones también de las partes interesadas externas, porque el concepto «que crea un gran avance requiere un proceso de mirar fuera y dentro; a los clientes, proveedores y competidores; a los cambios demográficos, tendencias, economía, normativas y entornos políticos» (Wycoff 2004, par. 7). El objetivo de solicitar aportaciones externas es desarrollar los conceptos y poner en marcha una estrategia para que el equipo garantice la aplicación efectiva de los conceptos modificados. La estrategia de aplicación analizará cómo se obtendrán y asignarán los recursos para un funcionamiento sin problemas. Se establecerán puntos de referencia junto con objetivos a corto y largo plazo que sean mensurables y puedan conducir a la competencia.

La diversidad de ideas y conceptos puede generar innovación. Así pues, la gestión estratégica fomenta todos los estilos de pensamiento, perspectivas y experiencias para garantizar que el ambiente sea propicio a la innovación. Es importante tener en cuenta que todas las ideas de todas las partes interesadas no pueden aplicarse a la vez. Por lo tanto, la estrategia de infundación incluirá directrices para evaluar las ideas y evitar que nos pasemos de la raya con una idea seductora que no encaja.

La gestión estratégica no se centra en el control o el poder, sino en motivar a los demás para que contribuyan positivamente al proceso. Motivar a los demás para que actúen y se identifiquen con el proceso mediante la plena participación puede provocar la transformación de cualquier organización y es un caldo de cultivo para la innovación. Para permitir un mayor nivel de rendimiento, la gestión estratégica propone que la asociación amigable y la colaboración pueden ser eficaces cuando el liderazgo adapta el siguiente enfoque en el proceso de toma de decisiones.

1. Confirme el objetivo preguntando y centrándose en cuál es la finalidad. ¿Cómo se alinea con el objetivo del equipo?

2. Establecer la concientización del equipo mediante la comprensión. En este paso se identificarán y registrarán los problemas/temas percibidos que pueda ser necesario abordar.

3. Este paso consiste en evaluar las personalidades de todos los miembros del equipo en términos de «estilos transaccionales, estilos de liderazgo, estilos

de aprendizaje/pensamiento, estilos de resolución de conflictos y sistemas de estrés/valores» (Ekman y Giangregorio 2003, 2). La creación de un perfil de equipo reforzará la cultura del equipo.

4. Preparar el programa del evento de aprendizaje experiencial basándose en el conocimiento de los objetivos por parte del facilitador.

5. Aprendizaje experimental: el facilitador puede ejecutar el programa de actividades de aprendizaje experimental «utilizando las piedras angulares del fomento de la confianza, el respeto, la comunicación abierta y la interdependencia» (Ekman y Giangregorio 2003, 2). Puede concluirlo todo «registrando lo aprendido, enumerando los beneficios esperados y creando un plan de acción que aborde los problemas identificados» (Ekman y Giangregorio 2003, 2).

6. Establecer el rendimiento máximo; esto reflejará «un punto de referencia de referencia del rendimiento individual/del equipo antes del programa de coalescencia, el posicionamiento después del programa de coalescencia, indicará las estrategias de mejora del rendimiento y medirá el rendimiento» (Ekman y Giangregorio 2003, 2).

7. Realización de los beneficios: transcurrido un tiempo determinado, el equipo se reunirá para determinar en qué punto del mapa de rendimiento se encuentran. La atención se centrará en «celebrar el éxito y comprender, revisar y abordar el fracaso» (Ekman y Giangregorio 2003, 2).

Como se ha señalado anteriormente, la gestión estratégica vincula la innovación y el liderazgo transformacional. La innovación es eficaz y posible en un entorno de trabajo propicio. El liderazgo transformacional proporciona un entorno de apoyo que estimula y mejora la innovación. El liderazgo transformacional mejora el rendimiento a través de una relación interpersonal sana, fomentando la plena participación, lo que refuerza la moral y motiva a los demás a la acción progresiva. La innovación tiene que ver con el cambio. Afrontar el cambio nunca es tarea fácil y requiere planificación y una posible adaptación a las tendencias cambiantes por parte del liderazgo.

Para lograr mayores conocimientos y capacidades y seguir siendo una entidad viable, las iglesias locales tendrán que ser proactivas a la hora de crear una cultura en la que se apoyen y fomenten nuevas ideas y métodos innovadores. Bass (1990) señala que la innovación es posible cuando las organizaciones desafían «el proceso, inspiran la visión, permiten que otros actúen, modelan el camino y alientan el corazón» (p. 218). La gestión estratégica, una vez adaptada y aplicada, mejorará la capacidad de las iglesias locales para crear una cultura rica en apoyo y dirección.

Las organizaciones con culturas prósperas son caldo de cultivo para la innovación. Wycoff (2004) caracteriza la cultura organizativa próspera como un entorno que «es flexible, da poder, acoge las ideas, tolera el riesgo, celebra el éxito, fomenta el respeto y alienta la diversión» (párr. 4). La gestión estratégica permitirá a la iglesia local y a cualquier organización desarrollar una cultura próspera, creando así una atmósfera de creatividad e innovación.

La gestión estratégica ayudará a la iglesia local a ser más centrada y lógica en su enfoque y en el proceso de toma de decisiones. La gestión estratégica tiene por objeto colmar las lagunas de la estructura existente, validar los conocimientos existentes mediante nuevos investigadores, ampliar los conocimientos con nuevas ideas, ampliar las perspectivas de aquellos cuyas voces se ven minimizadas y enriquecer el corpus de conocimientos (Creswell 2005) sobre la prestación de una atención de calidad presentando nuevas ideas que sean prácticas y puedan mejorar el proceso de creatividad dentro de una organización tan regulada como la iglesia. La gestión estratégica mejorará la habilidad de los pastores sénior para «practicar hábitos de pensamiento que reflejen un razonamiento sólido: encontrar premisas correctas, probar las conexiones entre sus hechos y suposiciones, hacer afirmaciones basadas en pruebas adecuadas» (Cooper y Schindler 2002, 32).

La innovación, la creatividad, la asociación y la colaboración giran en torno a las relaciones. La fuerza y el éxito de una relación, especialmente en la iglesia local, dependen del nivel de confianza que los miembros del equipo tengan en la visión y las estrategias del líder. Sin embargo, no basta con que el líder exprese claramente la visión y las estrategias de La organización. También implica el tono, el entusiasmo y las convicciones del líder que es capaz de transmitir al equipo. El líder, por tanto, actúa como un modelo de conducta en la forma en que transmite las actitudes, comportamientos y convicciones apropiados.

En la actualidad, las denominaciones esperan que la mayoría de las iglesias locales se aseguren de que sus miembros conocen la misión, los objetivos, los valores compartidos y las normas éticas de la iglesia o denominación. En algunas iglesias, por ejemplo las del Ministerio de la Cosecha del Reino de Liberia (África Occidental), el equipo directivo interactúa entre sí y discute la misión, los objetivos, los valores compartidos y las normas éticas. Este nivel de comunicación ha aumentado la eficacia, ya que los líderes son conscientes de los límites, las expectativas y los objetivos específicos relacionados con el hecho de que KHM se convierta en un movimiento continuo de fundación de iglesias. Dicha interacción entre los líderes garantiza que «el buen funcionamiento de la organización sea hasta cierto punto independiente de los sentimientos -negativos o positivos- que tengan unos miembros por otros» (Scott y Davis 2007, 38).

Scott y Davis (2007) deben figurar que la alienación, la desigualdad la inseguridad y el exceso de conformidad suelen plantear el mayor problema o el problema potencial de cualquier organización. Dos de los cuatro problemas (alienación y sobre conformismo) citados por Scott y Davis (2007) plantean problemas potenciales para muchas iglesias locales. Algunos pastores locales están tan preocupados por el cumplimiento de las normas confesionales que su enfoque ha alienado a la comunidad en la que ejercen su ministerio. Otros pastores están tan preocupados por la competencia que sus programas se han convertido en una combinación de los mejores enfoques de cada centro de servicio sin buscar la aportación o colaboración de nadie.

La gestión estratégica rediseñará la estructura y los diseños de la iglesia local capacitando a los pastores principales para que «practiquen hábitos de pensamiento que reflejen un razonamiento sólido: encontrar premisas correctas, probar las conexiones entre sus hechos y supuestos, hacer afirmaciones basadas en pruebas adecuadas» (Cooper y Schindler 2002, 32). Este rediseño exige buscar la asociación y la colaboración en todos los niveles de la organización. De este modo, los miembros de todos los niveles se sentirán un miembro valioso del equipo, ya que se prestará especial atención y se analizarán sus aportaciones. Y lo que es más importante, los pastores principales no tendrán que apartar al equipo de liderazgo de ninguna forma de toma de decisiones.

Los pastores que se dejan llevar por la competencia interna haciendo que el equipo de liderazgo se ajuste excesivamente a las denominadas mejores prácticas suelen socavar inconscientemente la cooperación y la colaboración. Dado que la gestión estratégica fomenta todos los estilos de pensamiento, perspectivas y experiencias para garantizar que el ambiente sea propicio para la innovación, los pastores se verían obligados a solicitar constantemente aportaciones en todos los niveles de la iglesia local y la denominación.

El mayor activo de una organización es su gente. Los líderes deben ser capaces de empoderar a los miembros de la organización relacionándose con cada uno de ellos. Una de las claves del éxito organizativo es la consideración individualizada, que incluye el modo en que el líder desarrolla, asesora y entrena a los miembros del equipo de forma individual.

En la iglesia local es necesario que los líderes traten con empatía las necesidades, habilidades y aspiraciones de cada individuo. Para ello es necesario saber escuchar y comunicarse. Bass (1990) figura que los líderes necesitan «cultivar relaciones intensivas de uno a uno y la empatía por los individuos» (p. 218). Cuanto mayor sea la percepción de individualidad entre los miembros, mayor será el espíritu y el compromiso con La organización.

Hoy en día, la iglesia local se ve abrumada por la falta de respuesta de la comunidad en la que ejerce su ministerio. La gestión estratégica tiene el potencial de minimizar la falta de respuesta porque se centra en las asociaciones tanto internas como externas. Según Wycoff (2004), la columna vertebral de la organización son los principios que la definen, «como la confianza, el respeto, el aprendizaje, el compromiso, la inclusión y la contribución» (párr. 6). Los valores y principios de la organización no se pueden figurar sin más; hay que ponerlos en práctica en el comportamiento y las interacciones con los miembros del equipo y la comunidad. La reputación de la iglesia local afectará directamente a la respuesta de la comunidad. La gente se siente bien alineándose o formando parte de una iglesia que respalda lo que dice y hace, tanto dentro como fuera de sus muros.

Capítulo Seis

Formulación y Aplicación de Estrategias

Para alcanzar con éxito la visión de una organización es fundamental contar con una estrategia eficaz y bien aplicada. Una estrategia bien desarrollada y correctamente aplicada puede posicionar a una organización para lanzarse con éxito hacia su futuro. Para que una estrategia sea eficaz, debe cumplir dos requisitos:

1. Debe estar alineada con la visión de la organización, es decir, los objetivos a largo plazo deben estar alineados con la misión y los valores fundamentales de la organización. Esto puede hacerse investigando tanto el entorno externo como el interno para asegurarse de que los objetivos a largo plazo se adaptan a las situaciones internas y al entorno externo de la organización. Esto es importante porque los objetivos a largo plazo sirven de base para la formulación de la estrategia de la organización.

2. Debe contar con una estrategia de implementación bien desarrollada que establezca objetivos SMART. Una vez identificados los objetivos a largo plazo, la estrategia de implementación debe ser SMART para ser eficaz. Para ello, hay que plantearse las siguientes preguntas

   - ¿Son los objetivos de esta estrategia de aplicación

lo suficientemente sencillos como para que todos los comprendan?

- ¿Son lo suficientemente motivadores para que todos pasen a la acción?

- ¿Son aceptables y alcanzables en el plazo previsto?

- ¿Son lo bastante realistas para lograr los resultados deseados?

- ¿Y tienen un marco temporal adecuado, o cuentan con los plazos apropiados para garantizar una ejecución adecuada?

Al desarrollar un plan estratégico, debe realizarse un análisis cuidadoso dentro de los entornos interno y externo de la iglesia local para garantizar que las iniciativas estratégicas sean relevantes para las tendencias dentro de la comunidad, así como para las situaciones dentro de la cultura y el sistema de la iglesia local. Para ello, se puede realizar tanto un análisis de puntos fuertes, puntos débiles, oportunidades y amenazas (SWOT) como un análisis de parejas adecuadas, ya que el objetivo es disponer de más opciones o alternativas estratégicas para aplicar eficazmente las estrategias desarrolladas. El análisis SWOT identifica los puntos fuertes y débiles internos de la organización, así como las oportunidades y amenazas externas a las que se enfrenta la organización. Un análisis de pares emparejados amplía el alcance del análisis SWOT y proporciona más alternativas para el desarrollo del plan estratégico.

A partir del análisis externo e interno, pueden identificarse los objetivos a largo plazo. Se espera que los objetivos a largo plazo definan el parámetro de crecimiento de la iglesia local durante un periodo de uno a tres años. Si se cumple el plan de ejecución, el plan estratégico alineará las estrategias de la misión con la visión y los objetivos a largo plazo, permitirá a la iglesia local establecer hitos que mejoren la realización de la visión, definirá alternativas estratégicas y los objetivos correspondientes que mejoren la realización de la visión, y también definirá las iniciativas estratégicas que la iglesia local tiene que emprender para consolidar su posición en la comunidad.

Análisis Medioambiental

Para posicionar estratégicamente una organización, hacer frente a las tendencias cambiantes y tener una ventaja competitiva, es imperativo no sólo comprender los factores internos, sino también los factores externos que tienen el potencial de hacer o deshacer la organización. Los factores externos que influyen, repercuten y afectan a las organizaciones «constituyen la base de las oportunidades y amenazas a las que se enfrenta una empresa en su entorno competitivo» (Pearce-Robinson 2003, 57).

El análisis del entorno ayudará a la iglesia local a identificar los puntos fuertes, los puntos débiles, las oportunidades y las amenazas. Mientras que el entorno interno aborda la forma en que la iglesia local se ha adaptado o se está adaptando a las tendencias dentro de su compacto denominacional, el entorno externo abordará las tendencias actuales dentro de la comunidad o parte del mundo en la que la iglesia local existe y ministra. Un análisis del entorno interno ayudará a identificar los puntos fuertes y débiles, y el análisis del entorno externo ayudará a identificar las oportunidades y amenazas que la iglesia local tendrá que abordar en los próximos uno a tres años. Basándose en el análisis del entorno, se pueden identificar objetivos a largo plazo que puedan impulsar a la iglesia local hacia su futuro sin comprometer su mensaje y sus valores.

Objetivos a Largo Plazo

Los objetivos a largo plazo surgen de la previsión e implican una planificación correcta y adecuada. Deben desarrollarse a partir de un conocimiento profundo de los servicios ofrecidos. Los objetivos a largo plazo deben servir de base para la formulación de la estrategia. Se basa principalmente en la información interna y el entorno externo de la organización. El criterio utilizado para determinar los objetivos a largo plazo sería la dirección que quiere tomar la organización. En otras palabras, ¿cuál es el enfoque de esta iglesia local dentro de esta comunidad? Una vez determinado ese enfoque, se pueden identificar y aplicar los objetivos a largo plazo que lo reforzarán.

Para determinar eficazmente los objetivos a largo plazo, lo mejor es disponer de toda la información crítica tanto del entorno externo como interno de la organización o iglesia local. La información adecuada siempre mejorará los cambios a la hora de decidir los objetivos a largo plazo apropiados que puedan impulsar a la organización hacia un futuro mejor. Conviene tener presente que cuanto mejor sea la información, mayores serán las posibilidades de éxito. Los objetivos a largo plazo deben alinearse con la misión y los valores fundamentales de la iglesia local y deben adecuarse a las situaciones internas y al entorno externo de la organización.

La formulación de la estrategia debe centrarse en la mejora de la organización. La formulación de la estrategia debe basarse en la investigación y el análisis. Debe proponer un objetivo detallado para la mejora del rendimiento. Lo mejor es manifestar el nivel de rendimiento actual en la iglesia local, luego explicar los obstáculos para mejorar el rendimiento que existen actualmente en toda la iglesia local y, por último, identificar los beneficios para la organización que se derivarían de la mejora del rendimiento. En la formulación de la estrategia, el equipo de liderazgo debe proponer los parámetros que se utilizarán para medir la aplicación del plan estratégico y la forma en que dichos parámetros se ajustan a la misión y los objetivos de la organización.

El aspecto de la aplicación del plan estratégico es fundamental para el éxito. Por lo tanto, una vez formulada una estrategia SMART, la atención debe centrarse en una ejecución eficaz. Una de las formas de garantizar una mejor estrategia de aplicación es establecer cuadros de mando del rendimiento. Un cuadro de mando del rendimiento es un conjunto de medidas empresariales vinculadas a estrategias y objetivos de misión que pueden utilizarse para supervisar y gestionar áreas específicas de la estructura organizativa. Básicamente, los cuadros de mando incluyen tablas y gráficos que se utilizan para evaluar el rendimiento, controlar las tendencias, identificar los puntos fuertes y débiles, y proporcionar información sobre las acciones de gestión.

Para que un cuadro de mando alcance su objetivo, hay un proceso de seis fases al que hay que prestar mucha atención durante la fase de desarrollo. La primera fase consiste en recolectar datos relacionados con los objetivos estratégicos de la organización, los objetivos empresariales y las medidas de alto nivel. Incluye la identificación de los resultados para los equipos, los procesos de trabajo básicos, así como las expectativas y requisitos de todas las partes interesadas. La segunda fase tiene que ver con la determinación de las áreas de resultados clave que se derivan de las estrategias y medidas de la misión que son exclusivas de La organización o, en este caso, de la iglesia local. Algunas de las áreas clave en las que centrarse serían el éxito financiero, las actividades de ayuda a la comunidad, la lealtad a la iglesia, el desarrollo de los recursos humanos, la eficacia operativa y el impacto en la comunidad. La tercera fase es cultivar. Esta fase se centra en perfeccionar los objetivos y las medidas para que sean más pertinentes y estén más orientados a los resultados. Esto puede hacerse revisando sistemáticamente el cuadro de mando para controlar y mejorar el rendimiento. La cuarta fase, conocida como cascada, está orientada a reforzar los vínculos, mejorar la visibilidad del rendimiento y alinear todos los esfuerzos para alcanzar el objetivo. Es el momento en que se establecen los cuadros de mando de los grupos de trabajo y se revisan los cuadros de mando de la dirección. La fase 5 es la etapa de conexión. Para ello se desarrollan planes de rendimiento individuales que conectan los objetivos y las medidas con el personal individual del equipo directivo. La sexta fase es la de confirmación. Es el momento de comprender cómo se relacionan entre sí las medidas de los cuadros de mando, con el objetivo de unirlas para obtener los resultados deseados.

Dependiendo del tamaño de la congregación, es posible que no necesite un software elaborado. Tenga en cuenta que el objetivo del cuadro de mando es proporcionar una visión general de lo bien que lo está haciendo y de las áreas que necesitan más atención. Sería muy útil que el cuadro de mando se centrara en objetivos mensurables y en formas claras de mostrar los resultados. A continuación se muestra un ejemplo de un cuadro de mando del rendimiento sencillo.

Perspectiva del cuadro de mando	Objectivo	Medida	Objetivo	Prioridad	Iniciativa	Fuente y compartición de datos	Propietario de datos
Finanzas	Presupuesto VS. Línea de base	Operar dentro del presupuesto asignado	+/- 10%	Alto	Sistema de seguimiento de todos los ingresos y gastos	Revisión e informes presupuestarios semanales	Gestor del proyecto y Director del presupuesto
Asistencia	Aumentar la frecuencia	Alcance comunitario	5% variación mensual	Alto	Voluntariado en escuelas y eventos comunitarios	Correos electrónicos Notas Actas de reuniones	Jefes de departamento
Afiliación	Aumentar la concienciación y la necesidad de estar conectado	Enseñanzas Cenas de descubrimiento Grupos	10%-15% Nuevos miembros Alto	Alto	Sistema de seguimiento; Cena de descubrimiento mensual; Control de asistencia a los grupos celulares	Información sobre visitantes; conclusiones de las cenas de descubrimiento; informes de los grupos celulares	Comité de hospitalidad; Equipo de liderazgo Pastor principal
Plantilla	Mantener personal cualificado	Incentivos; Compromiso del personal	2%-4% Incremento anual	Alto	Reconocimientos basados en el rendimiento;	Notas, correos electrónicos, boletines	Pastores principales, presidentes de juntas

La idea básica es que usted debe ser capaz de decidir qué quiere el equipo que haga el cuadro de mando. ¿Cuáles son los indicadores de rendimiento? ¿Cuáles son las preguntas clave que hay que formular? Una vez que el equipo haya decidido lo que se pretende conseguir con el cuadro de mando, introduzca datos útiles, objetivos mensurables y formas claras de mostrar los resultados. Recuerde que el cuadro de mando integral debe utilizarse como herramienta de comunicación para informar a los distintos departamentos de la iglesia sobre la dirección y el alcance de la visión de la iglesia local.

El uso del cuadro de mando integral mejorará la gestión eficaz y satisfactoria del plan estratégico porque se centra en las medidas que importan a todos los interesados. Y lo que es más importante, apoya el despliegue de estrategias empresariales, proporciona visibilidad sobre los problemas de los procesos y ayuda a garantizar el cumplimiento de las metas estratégicas o los objetivos a largo plazo de la organización. Los cuadros de mando integral, si se aplican, fomentarán la relevancia de la iglesia local dentro de la comunidad en la que existe. Al adoptar el cuadro de mando integral del rendimiento, la iglesia local podría vincular sus objetivos a largo plazo con los factores críticos de éxito. El cuadro de mando podría utilizarse para evaluar si los servicios ofrecidos cumplen realmente las expectativas de la misión. El cuadro de mando mejoraría la misión de la iglesia local porque proporciona al equipo directivo una herramienta para controlar eficazmente las tendencias, identificar los puntos fuertes y débiles, y proporcionar información para la mejora continua.

Otra razón por la que el cuadro de mando es necesario es que conduciría a la organización hacia un enfoque de pensamiento sistémico, ya que vincula las medidas con los objetivos estratégicos, la visión y la misión de la organización. Las estrategias utilizadas para medir y mejorar el rendimiento en un entorno de pensamiento sistémico consisten, ante todo, en evitar la tendencia a centrarse en la parte aislada del sistema. Dado que el énfasis se pone en el conjunto, el enfoque de pensamiento sistémico explora soluciones, ideas y conclusiones que son completamente diferentes de las generadas por los enfoques de gestión lineales o científicos tradicionales. Crea oportunidades para aprender más sobre los entresijos del entramado, estudiar patrones y relaciones entre subsistemas e identificar acciones con el mayor potencial de cambio sostenible positivo y mejora continua (Minarik et al. 2003, 4).

El cuadro de mando del rendimiento ayudaría a la iglesia local a identificar los obstáculos para mejorar el rendimiento que existen actualmente en la organización. Una vez más, emplearé como ejemplo Kingdom Harvest Ministries Inc. de Liberia, África Occidental. Entre 1999 y 2006, el obstáculo para mejorar el rendimiento en lo relativo a los valores fundamentales, la visión y las misiones de la organización fue una interacción departamental inadecuada debido a una comunicación deficiente. A pesar de todos los esfuerzos por resolver el problema, la falta de un cuadro de mando integral del rendimiento dificultó la infundación de un sistema para paliar el llamado problema de la comunicación. En segundo lugar, cuando se comete un error, no se evalúa el sistema sino que se culpa y reprende al individuo. Lo que la dirección de KHM no comprendió en aquel momento es que el pensamiento sistémico implica cambios tanto en las prácticas como en la filosofía, y no de forma individual (Selber 1998). El énfasis del pensamiento sistémico se pone en «formular una estrategia alineada e integrada en un marco holístico que apoye una mejora radical» (Amelsberg 2002, 3).

Son muchos los beneficios que podrían derivarse de la utilización de los cuadros de mando. En primer lugar, las tarjetas de puntuación vincularían o conectarían la estrategia organizativa con los objetivos de alto nivel o los factores críticos de éxito. El cuadro de mando puede proporcionar información orientada a los resultados que permita a los equipos de dirección centrar el tiempo, la atención y los recursos en la mejora de los resultados. Dado que el pensamiento sistémico puede conducir al diseño intencional de un sistema de gestión más eficaz que se centre en hacer que las organizaciones sean «más capaces de cumplir su propósito» (Steele 2003, 5), los cuadros de mando del rendimiento conducirían a la creación de un diseño intencional que podría conducir a mejores decisiones, eliminando así el despilfarro y logrando los máximos resultados.

El impacto de los cuadros de mando integral de resultados es que se proporcionarían medidas que permitirían a todos estar centrados. Al utilizar los cuadros de mando como herramienta de aplicación, el equipo directivo podría clarificar los resultados, mejorar la visibilidad de los procesos y eliminar el tiempo y los gastos de seguimiento de información irrelevante.

El cuadro de mando puede ayudar a la iglesia local a adoptar el pensamiento sistémico. El pensamiento sistémico requiere un análisis desde una perspectiva más amplia. Puede describirse como un marco para ver patrones e interrelaciones porque se centra en «las interacciones más que en las partes, en los supuestos más que en las previsiones, y en la síntesis más que en el análisis» (Steele, 2003. p.5). Las estrategias utilizadas para medir y mejorar el rendimiento en un entorno de pensamiento sistémico consisten, ante todo, en evitar la tendencia a centrarse en la parte aislada del sistema. Dado que el énfasis se pone en el conjunto, el enfoque de pensamiento sistémico explora soluciones, ideas y conclusiones que son completamente diferentes de las generadas por los enfoques tradicionales de gestión lineal o científica. Es importante destacar aquí que los cuadros de mando integral no funcionarán copiándolos de otra organización. Para cosechar todos sus beneficios y experimentar sus impactos, debe desarrollarse según las necesidades y estrategias de misión únicas de la organización o iglesia local. Si se desarrollan y aplican correctamente, los cuadros de mando integral pueden mejorar la gestión eficaz y exitosa de cualquier organización, centrándose en las medidas que importan a todas las partes interesadas.

Capítulo Siete

Desarrollar un Plan
Estratégico Ganador

La influencia de la Cultura Organizativa en el desarrollo de un Plan Estratégico

La cultura organizativa puede influir en el desarrollo final y el éxito de un plan estratégico basado en los valores fundamentales, los objetivos y la misión de la organización o la iglesia local. La cultura organizativa suele surgir de los valores y la visión del pastor principal, así como de la historia de la organización. Como tal, la cultura define la misión de la organización y marca el tono de las estrategias y los objetivos. Así pues, comprender la cultura de una organización es primordial para el desarrollo y la aplicación satisfactoria de cualquier plan estratégico, porque las organizaciones eficaces tienen culturas fuertes y claras que son constantes con sus estrategias.

La cultura organizativa dicta la naturaleza del plan estratégico y define su alcance. Los recursos externos se evalúan y seleccionan si sus valores están en consonancia con los de la cultura organizativa. La priorización de los proyectos está vinculada a las estrategias de misión de la iglesia local, que emana de la cultura organizativa. Así, una cultura que no abraza el cambio sino que promueve el liderazgo autocrático y autoritario por encima del trabajo en equipo y no valora los esfuerzos colectivos puede conducir al desastre. La falta de confianza puede prevalecer en una cultura que no haga hincapié en la comunicación efectiva y la responsabilidad. En cambio, si la cultura organizativa fomenta la colaboración y el trabajo en equipo y anima a la gente a hacer lo que hay que hacer incorporando conscientemente condiciones que faciliten la innovación y los logros, los proyectos se completan a tiempo y con menos contratiempos (Back 2004).

El Papel del Pastor Principal en el Desarrollo del Plan Estratégico

Considerando el papel del pastor titular, es vital comprender que éste tiene el potencial de hacer o deshacer la estrategia de crecimiento de la iglesia local. Para que el plan estratégico tenga éxito, el pastor titular debe ser capaz de fomentar la innovación, estar orientado al crecimiento, ser minucioso, persistente, discreto, persuasivo y sentirse cómodo con el cambio. Y lo que es más importante, el pastor titular debe ser capaz de trabajar a través de las redes existentes para descubrir oportunidades, crear coaliciones y hacer realidad el cambio. El pastor titular debe ser capaz de establecer la visión y la dirección del plan estratégico. De este modo, podrá definir las prioridades del plan estratégico, así como orientar y motivar a los miembros del equipo y a las partes interesadas. La creación de una coalición debería ser la prioridad del pastor titular, ya que tiene el potencial de reforzar su papel. Mediante la creación de coaliciones, el pastor titular, a través de la consulta y la colaboración, puede levantar la moral del equipo, ya que cada persona sentirá que su importancia es importante.

Es importante que el pastor titular estudie cómo la cultura organizativa de la iglesia local y el comportamiento humano podrían influir negativa o positivamente en el éxito del desarrollo y la aplicación del plan estratégico. Una vez comprendida la influencia de la cultura organizativa, es responsabilidad del pastor titular comunicar eficazmente la dirección del plan estratégico mientras se encuentra en proceso de desarrollo. Deben establecerse reglas básicas, dejar claras las expectativas y definir claramente los objetivos, alineándolos con la misión de la organización o la iglesia local.

Para desarrollar un plan estratégico ganador, el pastor titular debe sentirse cómodo con los cambios, tener clara la dirección, ser minucioso, fomentar un estilo de gestión participativo y ser persuasivo, persistente y discreto. Al sentirse cómodo con el cambio, el pastor titular puede generar confianza en el proceso, ya que todas las cuestiones inciertas quedarán aclaradas. Dicha confianza puede capacitar a todos los implicados en el proceso de elaboración del plan estratégico para ver los posibles problemas como oportunidades. Con un objetivo claro de lo que hay que hacer y cómo hacerlo, todos los implicados pueden llegar a considerar los posibles contratiempos como «tropiezos temporales en un camino recto hacia una meta» (Kanter 2004, 155). Siendo persuasivo, persistente y discreto, el pastor titular puede inculcar en los miembros un sentido de realismo respecto al plan estratégico. Los miembros comprenderán que no pueden alcanzar sus objetivos de la noche a la mañana, pero que, con perseverancia y tacto, pueden cumplir los plazos y completar el plan estratégico a tiempo.

Desafíos para desarrollar un plan estratégico ganador

Son muchos los desafíos a los que se enfrenta cualquier estratega. Sin embargo, hay dos que creo que son los más desafiantes para el liderazgo de la iglesia local en lo que respecta a la planificación con el objetivo de hacer que la iglesia local sea más relevante dentro de la comunidad. El primer desafío consiste en reunir la información adecuada para contribuir al proceso de elaboración del plan estratégico. Realizar un análisis eficaz del entorno externo e interno no es tarea fácil. Hay muchos datos que analizar e integrar. Una mejor comprensión y análisis de estos datos sirve de base para realizar un mejor análisis SWOT, un análisis de pares coincidentes y/o un análisis de grupos de gran estrategia (todos ellos se tratarán en este capítulo). El segundo desafío sería utilizar adecuadamente las diversas aportaciones u opiniones expertas de los miembros del equipo de planificación cuando no estén de acuerdo. Habrá ocasiones en las que el personal pastoral u otro miembro del equipo tome una opción o decisión con la que alguien no esté de acuerdo.

Colaborar adecuadamente con opiniones diversas requiere a menudo habilidades de pensamiento crítico. Habrá ocasiones, créanme, en las que será difícil ponerse claramente de acuerdo sobre qué opinión incorporar al proceso. Sin embargo, prestando mucha atención a la información recopilada, se tomarán las mejores decisiones.

Principios a Tener en Cuenta en la Elaboración del Plan Estratégico

Hay cinco principios que el equipo de liderazgo de la iglesia local debe considerar cuidadosamente al desarrollar un plan estratégico.

1. Una buena estrategia surge de la previsión, la planificación adecuada y el establecimiento de objetivos a largo plazo. Las metas u objetivos a largo plazo permiten a una organización definir sus parámetros de crecimiento y su mercado objetivo para un periodo de cinco años. El criterio utilizado para determinar los objetivos a largo plazo sería la dirección que quiere tomar la organización. En otras palabras, ¿cuál es el objetivo principal de la iglesia local dentro de la comunidad? Una vez determinado ese enfoque, se pueden identificar y aplicar los objetivos a largo plazo que lo reforzarán. Para determinar eficazmente los objetivos a largo plazo, lo mejor es disponer de toda la información crítica sobre el entorno externo e interno de la organización o iglesia local. La información adecuada siempre mejorará las posibilidades de decidir los objetivos a largo plazo apropiados que puedan impulsar a la iglesia local hacia un futuro mejor. Cuanto mejor sea la información, mayores serán las posibilidades de éxito. Es importante comprender que el objetivo a largo plazo sirve de base para la formulación de la estrategia de la organización. Como tal, los objetivos a largo plazo deben alinearse con la misión y los valores centrales de la iglesia local y deben adecuarse a las situaciones internas y al entorno externo de la iglesia local.

2. El análisis SWOT y el análisis de pares son importantes. Una vez que los objetivos a largo plazo han sido identificados, el siguiente paso es identificar la estrategia de implementación. El primer enfoque sería realizar un análisis SWOT. El análisis SWOT identifica los puntos fuertes y débiles internos de la organización, así como las oportunidades y amenazas externas a las que se enfrenta la organización. El siguiente paso sería realizar un análisis de pares emparejados para obtener más opciones o alternativas estratégicas. Un análisis de pares emparejados es la mejor herramienta para determinar la estrategia de aplicación de los objetivos a largo plazo establecidos. Un análisis de pares emparejados amplía el alcance del análisis SWOT tradicional al establecer un encuentro entre las fortalezas y debilidades internas de la organización y sus oportunidades y amenazas externas, permitiendo así más alternativas estratégicas.

3. Debe desarrollarse una gran estrategia. Una gran estrategia pretende orientar a la iglesia local para asegurarse una ventaja dentro de la comunidad.

4. Para tener éxito en el desarrollo de una gran estrategia que lance a la iglesia local a asegurar una ventaja, el liderazgo de la iglesia local debe entender lo alto y lo bajo de la comunidad en la que existe la iglesia y lo alto y lo bajo de los esfuerzos de alcance de la iglesia local dentro de la comunidad. Es importante utilizar una matriz de agrupaciones de gran estrategia para desarrollar la gran estrategia de una organización. Dependiendo de las tendencias dentro del domicilio de la iglesia local, la gran estrategia servirá como respuesta estratégica proactiva

que puede ayudar a la iglesia local a mejorar su ventaja. La matriz de conglomerados de la gran estrategia tiene en cuenta tres hechos importantes.

El análisis SWOT, que se centra en los puntos fuertes y débiles de la organización, así como en las oportunidades y amenazas externas, el análisis financiero, que incluye previsiones y datos reales, y el análisis/informes del domicilio, que muestra las tendencias dentro de la comunidad. Utilizando la matriz de agrupaciones de gran estrategia, el equipo directivo puede identificar eficazmente la posición de la iglesia local y recomendar una respuesta estratégica que permita a la organización alcanzar su objetivo. El objetivo es decidir una alternativa estratégica que asegure la posición de la organización y permita mantenerla.

5. Desarrollar una hoja de ruta estratégica. La finalidad de una hoja de ruta estratégica es ayudar a la organización a alinear sus estrategias con la visión y los objetivos a largo plazo.

6. La hoja de ruta estratégica ayuda a las organizaciones a fijar los hitos que les permitirán hacer realidad su visión. La hoja de ruta ayuda a una organización a definir sus alternativas estratégicas y los objetivos correspondientes que potenciarán la realización de su visión. La hoja de ruta también define las iniciativas estratégicas que la organización debe emprender para consolidar su posición dentro de la comunidad. El primer paso en el desarrollo de una hoja de ruta estratégica es identificar las alter- nativas estratégicas. El segundo paso consiste en determinar o definir los objetivos que conducirán al éxito de la aplicación de las estrategias identificadas. Por ejemplo, si el objetivo es levantar a fieles dinámicos que

conozcan, honren y teman a Dios, transformando e impactando así a la comunidad como campeones y líderes (declaración de la misión de Kingdom Harvest Ministries Inc.), sería necesario decidir una estructura que pueda impulsar eficazmente a la iglesia local hacia la consecución de dicho objetivo.

7. Para alcanzar con éxito la visión de una organización es fundamental contar con una estrategia eficaz y bien aplicada. Una estrategia bien desarrollada y aplicada correctamente puede posicionar a una organización para lanzarse con éxito hacia su futuro. Para definir eficazmente las iniciativas estratégicas de una organización, lo mejor es utilizar el análisis SWOT como guía. Esto garantizará que las iniciativas estratégicas sean relevantes para las tendencias dentro de la comunidad, así como para las situaciones dentro de la organización o la iglesia local.

Como se indica en el capítulo 6, para que una estrategia sea eficaz, debe cumplir dos requisitos: en primer lugar, el plan estratégico debe estar en consonancia con la visión de la iglesia local. Al elaborar el plan estratégico, los dirigentes deben asegurarse de que los objetivos a largo plazo estén en consonancia con la misión y los valores fundamentales de La organización. Se debe investigar tanto el entorno externo como el interno para asegurarse de que los objetivos a largo plazo se adaptan a las situaciones internas y al entorno externo de La organización. Esto es importante porque los objetivos a largo plazo deben servir de base para la formulación de la estrategia de la organización. En segundo lugar, el plan estratégico debe contar con una estrategia de implementación bien desarrollada que tenga objetivos SMART. Una vez identificados los objetivos a largo plazo, la dirección debe asegurarse de que la estrategia de aplicación es SMART. Para ello, pueden plantearse las siguientes preguntas. ¿Son los objetivos de esta estrategia de implementación lo suficientemente sencillos como para que todos los comprendan? ¿Son los objetivos lo suficientemente motivadores como para mover a todos a la acción? ¿Son los objetivos aceptables y alcanzables en el plazo previsto? ¿Son los objetivos lo bastante realistas para lograr los resultados deseados? ¿Y tienen los objetivos un marco temporal adecuado o los plazos apropiados para garantizar una ejecución adecuada?

Recuerde que un objetivo práctico a largo plazo debe

definir el parámetro de crecimiento de la iglesia local para un período de cinco años. El mejor factor determinante para una estrategia de implementación eficaz es llevar a cabo un análisis SWOT y de pares emparejados. Para el entorno interno y externo, la mejor práctica sería realizar un análisis SWOT y posteriormente un análisis de pares emparejados, porque el objetivo es tener más opciones o alternativas estratégicas para implementar eficazmente las estrategias desarrolladas.

Comprender los Grandes Grupos Estratégicos

Los grupos grandes de estrategia son importantes para el desarrollo de un plan estratégico ganador. Es importante recordar que la gran estrategia servirá como respuesta estratégica proactiva que puede ayudar a la iglesia local a mejorar su ventaja. La matriz de conglomerados de la gran estrategia tiene en cuenta tres hechos importantes. El análisis SWOT, que se centra en los puntos fuertes y débiles internos, así como en las oportunidades y amenazas externas a las que se enfrenta La organización, el análisis financiero, que incluye previsiones y datos reales, y el análisis/informes de domicilio, que muestra las tendencias dentro de la comunidad. Mediante el uso de la matriz de agrupaciones de gran estrategia, el equipo directivo puede identificar eficazmente la posición de la iglesia local y recomendar una respuesta estratégica que permita a la organización alcanzar su objetivo. El objetivo es decidir una alternativa estratégica que asegure la posición de la organización y permita mantenerla. Si debe contar con un plan estratégico ganador que haga que la iglesia local sea relevante dentro de su comunidad, no pase por alto ni descuide ninguno de los análisis que los grupos de gran estrategia pretenden abordar. Asegúrese de realizar un análisis SWOT, un análisis financiero y un análisis de domicilio. El uso de estas herramientas en los grupos de gran estrategia mejorará todas las opciones en la preparación del plan estratégico de la organización.

La Importancia de Elaborar una Hoja de Ruta Estratégica

Una hoja de ruta estratégica hace cuatro cosas: Ayuda a una organización a alinear sus estrategias con la visión y los objetivos a largo plazo. Ayuda a las organizaciones a fijar los hitos que les permitirán hacer realidad su visión. Ayuda a la organización a definir sus alternativas estratégicas y los objetivos correspondientes que potenciarán la realización de su visión. Y define las iniciativas estratégicas que la organización debe emprender para consolidar su posición dentro de la comunidad. Al elaborar el plan estratégico de la iglesia local, es importante utilizar la hoja de ruta como estrategia de ejecución. Al utilizar la hoja de ruta como estrategia de implementación, los dirigentes pueden estar seguros de que las estrategias están alineadas con la visión de la iglesia local. Otra razón por la que la hoja de ruta debe utilizarse como estrategia de aplicación es que permite a los dirigentes establecer hitos que pueden contribuir a la aplicación de la visión, así como definir alternativas estratégicas y definir las iniciativas estratégicas que la organización debe emprender para consolidar su posición en la comunidad.

Desarrollo de Kingdom Harvest Ministries Inc. Liberia Plan Estratégico

Esta información proporcionada a continuación tiene dos propósitos: ser un ejemplo ilustrativo de cómo Kingdom Harvest Ministries en Liberia emergió del estancamiento (después de que se perdiera la dirección como se indica en el capítulo dos) en una organización estratégica que está teniendo el máximo impacto para la gloria de Dios a través de la planificación estratégica y servir como modelo para cualquier iglesia local que se tome en serio el impacto en la comunidad en la que existen los ministerios.

Kingdom Harvest Ministries Inc. de Liberia, África Occidental, se rige por un Consejo Eclesiástico compuesto por clérigos, ancianos y laicos para consultar, asesorar y decidir sobre los asuntos de los ministerios. Los ministerios constan de tres órganos principales distintos: consejo general, consejo ejecutivo y consejo ministerial. El consejo general es el órgano decisorio supremo, y el consejo ejecutivo es el órgano administrativo. El consejo ministerial se ocupa de todas las cuestiones que afectan al clero, mientras que el consejo ejecutivo coordina los asuntos de todas las demás entidades a través de una secretaría. Desde julio de 1999, cuando se puso en marcha el ministerio, hasta julio de 2005, Kingdom Harvest Ministries Inc. nunca ha tenido un plan estratégico consolidado, aunque cuenta con un plan sobre cómo establecer iglesias que se describe en el Manual de fundación de iglesias.

Después de muchos contratiempos y de darnos cuenta de que para alcanzar con éxito la visión de una organización es fundamental contar con una estrategia eficaz y bien aplicada, decidimos que durante la convención de 2005, que también marca el sexto aniversario de KHM, se elaborara un plan estratégico en el que los objetivos a largo plazo estuvieran debidamente alineados con la misión y los valores fundamentales de los ministerios. Reconocemos el hecho de que una estrategia bien desarrollada y aplicada adecuadamente puede posicionar a una organización para lanzarse con éxito hacia su futuro. En consecuencia, se elaboró un plan corporativo detallado y consolidado para guiar a los ministerios de 2005 a 2010. Se organizó un taller de planificación estratégica para concienciar a todas las partes interesadas de la importancia y la necesidad de desarrollar un plan estratégico. Además, se obtuvo más información de las partes interesadas mediante una serie de entrevistas, así como una revisión crítica y analítica de las actividades del ministerio en los cinco primeros años de funcionamiento.

El plan estratégico pretendía establecer el marco a partir del cual cada sector de los ministerios pudiera orientarse con respecto a los objetivos estratégicos del KHM. Todas las partes interesadas comprendieron que, una vez elaborado, el plan estratégico debía convertirse en parte integral de todos los procesos de toma de decisiones y ser consultado siempre que se tomara una decisión que afectara al KHM. Una de mis funciones como responsable de la visión era garantizar que el plan estratégico proporcionara una indicación clara de la dirección que KHM debía tomar en los próximos cinco años. Dado que el plan era el primero para KHM, como visionaria dejé claro a todos los líderes que el plan estratégico debía revisarse y actualizarse siempre que fuera necesario debido a cambios fundamentales en la política y/o cambios significativos en las fuerzas motrices que afectan a la estructura y los procesos de la organización.

Como visionario, también me aseguré de que el plan estratégico fuera la culminación de los debates consensuados de las partes interesadas centrados en los desafíos del KHM para posicionar mejor a los ministerios en el cumplimiento de su visión y misión. El objetivo del plan estratégico era ser una herramienta clave para orientar a los líderes del secretariado y al personal pastoral de cada iglesia local.

Como visionario, era mi responsabilidad asegurarme de que todo el mundo comprendía los puntos clave de dirección, como la visión, la declaración de misión, los factores críticos de éxito, los objetivos estratégicos y los planes de acción de los objetivos estratégicos. Se dejó claro que el plan estratégico se utilizaría como herramienta de toma de decisiones y se convertiría en un documento de trabajo que se revisaría en las reuniones de la junta, con sesiones informativas periódicas sobre los avances y los planes de acción específicos.

Como pastor local y/o líder denominacional lector de este libro, es importante recordar que la cultura organizativa puede influir en el desarrollo final y el éxito de un plan estratégico basado en los valores fundamentales, los objetivos y la misión de la organización o iglesia local. La cultura organizativa suele surgir de los valores y la visión del pastor principal, así como de la historia de la organización. Al desarrollar el plan estratégico de KHM en 2005, como visionario, tuve que asegurarme de que todo el mundo comprendía los valores y la visión del ministerio. Hay que tener en cuenta que una de las funciones del pastor titular en el desarrollo de un plan estratégico es ser minucioso, persistente, persuasivo y sentirse cómodo con el cambio.

Lo primero que hice fue realizar una encuesta para determinar cuántos líderes y miembros de la organización conocían y comprendían realmente la visión y la misión del ministerio. A partir de los datos recolectados y su análisis, se decidió enseñar la declaración de visión y misión antes de avanzar en el desarrollo del plan estratégico. El análisis de los datos mostró que alrededor del 33% de todos los líderes conocían la declaración de visión y misión y sólo el 12% podía articularlas bien. Sólo el 5% de los miembros tenía idea de cuál era la visión y la misión de la organización. Basándonos en nuestros hallazgos a través de la minería de datos, sabíamos que no podíamos desarrollar un plan estratégico sin orientar a todos en cuanto a los valores y la visión. No teníamos nada que dictara la naturaleza del plan estratégico y definiera su alcance. Al enseñar la declaración de visión y misión de KHM antes de desarrollar el plan estratégico, todas las partes interesadas comprendieron que la visión y la misión de KHM están diseñadas para captar su dirección y enfoque estratégico. La declaración de visión y misión servirá para orientar a todas las partes interesadas en la consecución eficaz y eficiente de los objetivos fijados de KHM. La visión de KHM, tal y como se escribió originalmente en 1999, cuando comenzó el ministerio, es «recoger la cosecha de los últimos tiempos mientras aún está madura mediante una guerra de nivel estratégico». En 2001 (cuatro años antes del desarrollo del primer plan estratégico), la visión se amplió de la siguiente manera.

Recoger la cosecha de los últimos tiempos mientras aún está madura mediante una guerra a nivel estratégico:

- Proporcionar apoyo espiritual a través de la fundación de iglesias con un fuerte énfasis en el discipulado.

- Proporcionar apoyo educativo con un fuerte fundamento bíblico mediante el establecimiento de escuelas dondequiera que se funde una iglesia.

- Proporcionar apoyo médico mediante la construcción de centros de salud en todas las regiones de Liberia donde existe mayor necesidad.

La declaración de misión escrita en 1999 cuando el ministerio comenzó es «levantar una generación de creyentes vibrantes que conocen, honran y temen a Dios impactando y transformando profundamente sus comunidades como campeones y líderes.» En 2001, la declaración de misión se amplió a «levantar una generación de creyentes vibrantes que conozcan, honren y teman a Dios, impactando y transformando así profundamente sus comunidades como campeones y líderes, a fin de cumplir con nuestra obligación de recuperar nuestra herencia espiritual robada a través de la evangelización y el discipulado a nivel estratégico.»

Como resultado de la enseñanza de la declaración de visión y misión antes de elaborar el plan estratégico, todos están de acuerdo en que la visión, como imagen del futuro, es tan convincente que motiva a las personas a la acción, está orientada a los resultados, es clara y concisa, adopta una perspectiva de consumidor/partícipe, de modo que disminuye la resistencia al cambio, que trata de garantizar que la estrategia del KHM esté en consonancia con su entorno de trabajo y las competencias básicas del ministerio y que la visión capacitará a todos para impulsar el proceso de cambio. Una de las funciones del pastor titular, como ya se ha comentado, es estudiar cómo la cultura organizativa de la iglesia local y el comportamiento humano podrían influir negativa o positivamente en el éxito del desarrollo y la aplicación del plan estratégico. Una vez comprendida la influencia de la cultura organizativa, es responsabilidad del pastor titular comunicar eficazmente la dirección del plan estratégico mientras se encuentra en proceso de desarrollo. Cuando las personas comprenden la cultura de la organización, pueden establecerse normas básicas sin conflictos, las expectativas pueden quedar claras y los objetivos pueden definirse con claridad y alinearse con la misión de la organización o la iglesia local.

Dado que todas las partes interesadas comprenden ahora en mayor medida la cultura organizativa del KHM gracias a la comprensión de los valores y la visión del ministerio, hemos sido capaces de establecer valores compartidos a los que todos deben adherirse para que el ministerio tenga una ventaja en todas las comunidades en las que existe. Tras muchas deliberaciones, decidimos que los siguientes valores compartidos guiarán al consejo general, al consejo ministerial, a la secretaría y a todos los miembros en nuestra conducta mutua y con nuestros interlocutores externos mientras perseguimos sin descanso la visión y la misión del KHM. Un compromiso con el trabajo en equipo para lograr una mayor productividad y eficiencia, un compromiso con la profesionalidad en todo lo que hacemos para y en nombre del KHM; un compromiso para proteger y salvaguardar los activos del KHM en todo momento, un compromiso para mostrar una imagen positiva, proactiva y de valor añadido del KHM en todo momento, un compromiso para valorar la integridad, la veracidad y la autenticidad y un compromiso para tratarnos unos a otros con respeto y dignidad.

Al desarrollar un plan estratégico, es importante que el pastor principal genere confianza en el proceso. Al fomentar la confianza, todos los implicados podrán ver los posibles problemas como oportunidades. Lo que la gente necesita al elaborar un plan estratégico es un objetivo claro de qué hacer y cómo hacerlo. Para fomentar la confianza en el proceso, también impartí otra enseñanza titulada «Afrontar nuestros desafíos estratégicamente». Tomé mi texto de Nehemías 4. Hice hincapié en que afrontar los desafíos del KHM estratégicamente significa que tenemos que construir muros físicos y espirituales al mismo tiempo. Les dije que es importante comprender que nos enfrentaremos a desafíos en cada tarea que emprendamos para la gloria de Dios. Les animé subrayando que la voluntad de trabajar en cualquier circunstancia es esencial para afrontar nuestros desafíos y que la intercesión debe ser una prioridad en el proceso de afrontar nuestros desafíos. Les desafié afirmando que la planificación estratégica garantiza la eficacia a la hora de afrontar nuestros desafíos y que cuando afrontamos nuestros desafíos estratégicamente y aplicamos con éxito nuestros planes estratégicos, estamos abocados al éxito en todos nuestros esfuerzos, sin importar las adversidades.

Adaptar los Cinco Principios de la Planificación Estratégica al Plan Estratégico de KHM

El primer principio de la planificación estratégica es que una buena estrategia surge de la previsión, la planificación adecuada y el establecimiento de objetivos a largo plazo.

Para desarrollar el primer plan estratégico de KHM, empecé a concienciar a todas las partes interesadas entre 2003 y 2005 sobre lo que es la planificación estratégica y la necesidad de que desarrolláramos una para la organización. Pasamos cerca de un año recopilando datos, de julio de 2004 a julio de 2005. El proceso llevó más tiempo porque yo no residía en Liberia y casi toda la recopilación de datos se hizo a distancia, mediante comunicaciones por correo electrónico o conversaciones telefónicas. Celebramos un taller intensivo de una semana y dedicamos un día entero a completar y adaptar el primer plan estratégico.

Las metas u objetivos a largo plazo permiten a una organización definir sus parámetros de crecimiento. El criterio utilizado para determinar los objetivos a largo plazo sería la dirección que quiere tomar la organización. En otras palabras, ¿cuál es el enfoque principal de la iglesia local dentro de la comunidad? Una vez determinado ese enfoque, se pueden identificar y aplicar los objetivos a largo plazo que lo reforzarán. Uno de los procesos utilizados para determinar la dirección de KHM fue la enseñanza de los valores, la visión y las misiones descritas anteriormente.

Para asegurarme de que todos entendían la dirección de cada entidad de KHM (iglesias, escuelas, clínicas y centros juveniles), pregunté repetidamente durante el taller: «¿Cuál es la misión principal de KHM en las comunidades a las que servimos?». Tengan presente que el objetivo y el énfasis de la gestión estratégica no es el control o el poder, sino conseguir que los demás se sientan motivados para contribuir positivamente al proceso. Motivar a los demás para que actúen y se identifiquen con el proceso a través de la plena participación puede provocar la transformación de cualquier organización y es un caldo de cultivo para la innovación. Para permitir un mayor nivel de rendimiento, la gestión estratégica propone que la asociación amigable y la colaboración pueden ser eficaces cuando el liderazgo confirma el objetivo preguntando y centrándose en cuál es el propósito. ¿Cómo se alinea con el objetivo del equipo? Al confirmar el objetivo, el líder estratégico está estableciendo una concientización y una mejor comprensión. Al confirmar el objetivo del KHM durante la fase de desarrollo del plan estratégico, pudimos establecer y afirmar un sentido de identidad para la organización y ofrecer una visión de futuro atractiva. Conger (1999) sugiere que, sin un plan estratégico, ninguna organización puede desarrollar una identidad colectiva profunda que refuerce la autoeficacia individual y colectiva. Una vez reforzada la identidad colectiva, se sugirió que elaboráramos una declaración que se conocería como Afirmación de fe del KHM. La afirmación de fe, que es una versión ampliada de la misión y la visión de KHM, se recita en todos los servicios que se mantienen en cualquier iglesia de KHM. Nuestro propósito no era desarrollar una afirmación de fe, pero la confirmación del objetivo creó entusiasmo y un pensamiento innovador. La afirmación de KHM es la siguiente:

> Afirmamos por el poder del Espíritu Santo que estamos siendo levantados por el Señor Jesucristo para recoger la cosecha de los últimos tiempos mientras aún está madura. Estamos siendo empoderados para irrumpir a través de la zona enemiga y liberar a los cautivos de las garras de Satanás transformándolos en creyentes vibrantes que conocen, honran y temen a Dios y pueden impactar profundamente y transformar sus comunidades como campeones y líderes.

Ahora que todas las partes interesadas comprendían la dirección de KHM, el desarrollo de los objetivos a largo plazo no resultó difícil. Dado que lo mejor para determinar eficazmente los objetivos a largo plazo es contar con toda la información disponible que sea crítica tanto para el entorno externo como para el interno de la organización, no dejamos de lado ningún dato, por insignificante que fuera en nuestra opinión. La información adecuada siempre mejorará las posibilidades de decidir los objetivos a largo plazo apropiados que puedan impulsar a la iglesia local hacia un futuro mejor. Siempre es bueno tener presente que cuanto mejor sea la información, mayores serán las posibilidades de éxito. Es importante comprender que el objetivo a largo plazo sirve de base para la formulación de la estrategia de la organización. Como tales, los objetivos a largo plazo deben alinearse con la misión y los valores centrales de la iglesia local y deben adecuarse a las situaciones internas y al entorno externo de la iglesia local. Tras considerar toda la información relevante en relación con los entornos interno y externo de KHM, así como la misión y los valores centrales de la organización, llegamos a la conclusión de los siguientes objetivos a largo plazo.

1. KHM es y continuará siendo un movimiento de fundación de iglesias que fundará iglesias y establecerá escuelas dentro de cada región de Liberia en cumplimiento de su mandato de preparar a cada generación para conocer, honrar y temer a Dios.

2. KHM continuará siendo un organismo autónomo, autofinanciado y autopropagador.

3. Políticamente, KHM no mantendrá lealtad partidista a ningún partido político para que la influencia del evangelio para alcanzar a todos no se vea comprometida.

4. Recoger la cosecha de los últimos tiempos mientras aún está madura por medio de la evangelización a nivel estratégico, como se indica en el manual de fundación de iglesias.

5. Dirigir KHM bajo una sólida gestión financiera.

6. Fundar en los próximos cinco años (2005-2010) diez iglesias y establecer dos academias.

Una vez que los objetivos a largo plazo han sido identificados, el siguiente paso es identificar la estrategia de implementación, que es el principio número 2 de la planificación estratégica. El primer paso consiste en realizar un análisis SWOT (puntos fuertes, puntos débiles, oportunidades y amenazas). El análisis SWOT identifica los puntos fuertes y débiles internos de la organización, así como las oportunidades y amenazas externas a las que se enfrenta la organización. Nuestro análisis SWOT se basó en datos recolectados durante más de un año. La identificación de problemas basada en datos es un método importante porque puede «utilizarse para aclarar un problema, establecer una línea de base y medir la eficacia de las intervenciones» (Burns 2004, 64). La minería de datos es esencial para la gestión estratégica porque los datos pueden ayudar en el proceso de evaluación y diagnóstico. Los datos que recolectamos se utilizaron para aclarar y analizar adecuadamente los problemas, así como para mejorar el proceso de exploración y selección eficaz de las mejores intervenciones.

Basándonos en nuestro análisis interno, pudimos identificar nuestros puntos fuertes y débiles.

Para los puntos fuertes, contábamos con una mano de obra unida, comprometida y cualificada. Hubo cursos de formación regulares y constantes. Ha habido un fuerte énfasis en mantener la visión en el punto de mira. Se practicó una buena rendición de cuentas y administración. El liderazgo a nivel local era bueno. En mayor medida, no contábamos con recursos abundantes, sino adecuados, para ayudar a avanzar en el trabajo, y hacíamos uso de la tecnología. En cuanto a los puntos débiles, los medios de comunicación y difusión de la información eran poco fiables e inestables. Carecíamos de un liderazgo fuerte y coordinado a nivel nacional (es decir, la secretaría). Se carecía de financiación oportuna, aunque a menudo suficiente para cubrir algunas necesidades. Había sido ineficaz la distribución de los recursos para mejorar y aplicar rápidamente la visión. A partir del análisis externo, pudimos identificar nuestras oportunidades y amenazas basándonos en las tendencias actuales de nuestro entorno externo. En cuanto a las oportunidades, nos dimos cuenta de que ahora era el mejor momento para adquirir propiedades, ya que el coste es muy razonable porque la nación acaba de salir de dieciséis años de guerra civil. También pensamos que teníamos más posibilidades de invertir en tierras de cultivo y equipos agrícolas para la autosuficiencia. Otra oportunidad que vimos fue la necesidad de que el ministerio de deportes llegara a los muchos jóvenes y excombatientes que no tenían nada que hacer y estaban deseosos de participar en actividades deportivas. También existía la oportunidad de llegar a muchos a través de programas de alimentación para los niños menos afortunados al salir de la guerra. Dado que muchas casas fueron destruidas y muchos siguen desplazados de sus lugares de residencia, sería estupendo que pudiéramos establecer residencias para ancianos, ya que muchas personas perdieron sus casas y no tienen mucho espacio para atender eficientemente a sus ancianos.

En cuanto a las amenazas, identificamos tres áreas principales. La falta de un salario atractivo para mantener al personal cualificado, la falta de actividades sociales para mantener a los jóvenes comprometidos y continuamente involucrados, y la incertidumbre económica, ya que el ministerio se mantenía principalmente de mi bolsillo y de donaciones de amigos que tengo aquí en Estados Unidos. ¿Qué pasaría si perdiera alguno de mis empleos en EE.UU. o si mis amigos no pudieran permitirse ayudarme regularmente? Como pueden ver, nuestro análisis externo no se limitaba a Liberia. Como resido en EE.UU., tuvimos que incluir las tendencias aquí en EE.UU. para prepararnos adecuadamente para la peor situación.

Los siguientes diagramas son el análisis SWOT real y el análisis de pares emparejados de Kingdom Harvest Ministries Inc. Liberia.

KHM 2007 SWOT ANALYSIS

Strengths	Weaknesses
• United, committed and skilled work force. • Regular and consistent trainings. • Strong emphasis on keeping the vision in focus. • Good accountability and stewardship • Evolving good leadership at the local church and entity levels • Adequate Resources to help advance the work • The use of technology.	• Lack of timely funding though often adequate to meet some needs. • unstable communications and information dissemination • Ineffective distribution of resources to enhance and speedily implement the vision. • Lack of strong coordinated leadership at the national level.
Opportunities	**Threats**
• Property acquisition as the cost at this time is very reasonable. • Investment is farm lands and farming equipments. • Sports ministry to reach the many young and former combatants. • Feeding programs for children who are less fortunate as we emerge out of war. • Establishing of old folks homes as many people lost their homes and do not have much room to cater efficiently to their old folks.	• Lack of attractive salary to maintain qualified staffs • Lack of social activities to keep the young people. • Economic uncertainty.

Una vez completado nuestro análisis SWOT, el siguiente paso consistió en realizar un análisis de pares emparejados y una agrupación de grandes estrategias para obtener más opciones o alternativas estratégicas. Un análisis por pares emparejados es la mejor herramienta para determinar la estrategia de aplicación de los objetivos a largo plazo establecidos. Un análisis de pares emparejados amplía el alcance del análisis SWOT tradicional mediante el encuentro de las fortalezas y debilidades internas de La organización con sus oportunidades y amenazas externas, permitiendo así más alternativas estratégicas.

KHM 2007 Matched Pair Analysis

Strength/Opportunities	Strength/Weaknesses	Strength/Threats
Strength: Adequate Resources to help advance the work	**Strength:** Evolving good leadership at the local level	**Strength:** United, committed and skilled work force.
Opportunity: Investment is farm lands and farming equipments.	**Weakness:** Lack of strong coordinated leadership at the national level.	**T:** Lack of attractive salary to maintain qualified staffs
Opportunities/Weaknesses	**Opportunities/Threats**	**Weaknesses/Threats**
O: Property acquisition as the cost at this time is very reasonable.	**O:** Sports ministry to reach the many young and former combatants.	**W:** Lack of timely funding though often adequate to meet some needs.
W: Lack of timely funding though often adequate to meet some needs.	**T:** Lack of social activities to keep the young people.	**T:** Lack of attractive salary to maintain qualified staffs
Strengths/Oppor/Weaknesses	**Strengths/Oppor/Threats**	**Oppor/Weaknesses/Threats**
S: Strong emphasis on keeping the vision in focus.	**S:** Good accountability and stewardship	**O:** Sports ministry to reach the many young and former combatants.
O: Sports ministry to reach the many young and former combatants.	**O:** Property acquisition as the cost at this time is very reasonable.	**W:** unstable communications and information dissemination
W: Ineffective distribution of resources to enhance and speedily implement the vision.	**T:** Economic uncertainty.	**T:** Lack of attractive salary to maintain qualified staffs

El anterior análisis de pares emparejados ofrece a Kingdom Harvest Ministries Liberia un mejor panorama a la hora de determinar la estrategia de aplicación de los objetivos a largo plazo establecidos. Al realizar un análisis de pares emparejados, la iglesia local puede adaptar un enfoque de pensamiento sistémico como medio de alinear la misión con los objetivos a largo plazo identificados. El análisis de pares emparejados puede mejorar el rendimiento porque evita la tendencia a centrarse en la parte aislada del sistema. Al planificar y pensar estratégicamente, debe hacerse hincapié en el conjunto, explorando así soluciones, ideas y conclusiones completamente distintas de las generadas por los enfoques de gestión lineales o científicos tradicionales. Minarik et al. (2003) deben figurar que el enfoque de pensamiento sistémico «crea oportunidades para aprender más sobre las complejidades de la red, para estudiar patrones y relaciones entre subsistemas, y para identificar acciones con el mayor potencial para el cambio sostenible positivo y la mejora continua» (p. 4).

Interpretación del Análisis por Parejas Emparejadas de KHM

La interpretación de un análisis de pares emparejados es importante para el control y la evaluación eficaces de las iniciativas estratégicas de La organización. La interpretación ayudará a la organización a ver patrones que pueden ayudar en el proceso de identificación de alternativas estratégicas. La interpretación también puede ayudar a la organización a proponer mejores ideas, soluciones y conclusiones. El análisis revela que la mayoría de las veces KHM cuenta con recursos adecuados para ayudar a avanzar el trabajo en comparación con otras iglesias de Liberia. Basándonos en el análisis de pares emparejados, vimos que la oportunidad de invertir en tierras y equipos agrícolas sería el mejor uso de nuestros recursos. Esta idea, basada en la interpretación del análisis de pares emparejados, está en consonancia con nuestro objetivo a largo plazo #2, que es que KHM siga siendo un organismo autónomo, autofinanciado y autopropagador. Al emparejar nuestros puntos fuertes y débiles, el análisis revela que tenemos un problema crítico con el liderazgo. Aunque existe un liderazgo fuerte y en evolución a nivel de la iglesia local y de las entidades, el conjunto de los ministerios carece de un liderazgo fuerte y coordinado a nivel nacional. En cuanto a nuestros puntos fuertes y amenazas, el análisis revela que, si bien es cierto que contamos con una fuerza de trabajo unida, comprometida y cualificada, el ministerio carece de salarios atractivos para mantener al personal cualificado que tenemos en las distintas entidades. Cuando las oportunidades se encontraron con las debilidades, el análisis reveló que, aunque la adquisición de propiedades sería una buena inversión por su bajo coste debido a que el país acaba de salir de la guerra, el ministerio carece a menudo de financiación oportuna, aunque siempre tenemos fondos para cubrir algunas necesidades.

En cuanto a las oportunidades y amenazas, el análisis revela que necesitamos centrarnos y mejorar nuestro ministerio de deportes en las distintas iglesias y escuelas como medio para llegar a los jóvenes y a los excombatientes, ya que toda la nación carece de actividades sociales fuertes que mantengan a los jóvenes motivados y comprometidos. En cuanto a las debilidades y amenazas, el análisis revela que, a menos que actuemos con rapidez y proactividad, la falta de financiación a tiempo dificultará que el ministerio establezca una estructura salarial competitiva y mejor para mantener al personal cualificado y comprometido que tenemos ahora, ya que podrían buscar un empleo mejor para atender las necesidades de sus familias. Un ejemplo de este análisis es mi hermano, que durante un tiempo tuvo miedo de aceptar un empleo externo debido a su compromiso con la visión. Tras recibir muchos ánimos de mi parte (aunque me preocupaba quién ocuparía su puesto como administrador jefe en el instituto), aceptó un trabajo que le paga un 300% más de lo que podíamos ofrecerle. Desde que mi hermano se fue, el ministerio ha perdido a otras cinco personas. Aunque consiguieron un empleo fuera, las iglesias se están beneficiando de sus diezmos, ofrendas y, a menudo, donaciones a los proyectos. El análisis por parejas en las áreas de debilidades y amenazas nos ayudó a elaborar estrategias para crear un mejor paquete de incentivos que nos permitiera mantener lo mejor de los talentos de que disponíamos como ministerio.

En cuanto al encuentro de los puntos fuertes, las oportunidades y las debilidades, el análisis revela que el fuerte énfasis en mantener la visión en el punto de mira nos ayudaría a llegar a muchos jóvenes, pero tenemos que abordar el problema de la distribución ineficaz de los recursos para mejorar y aplicar rápidamente la visión. En cuanto a los puntos fuertes, las oportunidades y las amenazas, el análisis revela que, dado que tenemos una buena responsabilidad y administración, especialmente en el instituto, debemos hacer todo lo posible por adquirir propiedades, ya que el coste en este momento es muy razonable debido a la incertidumbre económica que reina en el país como consecuencia de la guerra civil que acaba de terminar y la recesión económica mundial. Cuando encontramos las oportunidades con las debilidades y amenazas, el análisis revela que, aunque tenemos una gran oportunidad de llegar a muchos jóvenes a través de la pastoral deportiva, el problema de la inestabilidad de las comunicaciones y la difusión de la información, junto con la amenaza de perder personal cualificado debido a la falta de salarios atractivos, podría obstaculizar seriamente el proceso. El objetivo de realizar el análisis de pares emparejados es formular una estrategia que esté alineada con la visión e integrada en un marco holístico para apoyar la mejora y una mejor coordinación. El análisis de pares emparejados ayudará a la iglesia local a vincular sus estrategias y objetivos de misión, así como a supervisar las tendencias, gestionar y evaluar el rendimiento, identificar los puntos fuertes y débiles y proporcionar información sobre las acciones necesarias.

La Matriz de Grupos de Gran Estrategia

La matriz de conglomerados de la gran estrategia tiene en cuenta tres hechos importantes. El análisis SWOT, que se centra en los puntos fuertes y débiles internos, así como en las oportunidades y amenazas externas a las que se enfrenta La organización, el análisis financiero, que incluye las previsiones y los datos reales, y el análisis/ informes de domicilio, que muestra las tendencias dentro de la comunidad. Utilizando la matriz de grupos de gran estrategia, hemos podido identificar eficazmente la posición de KHM y recomendar una respuesta estratégica que permita a la organización alcanzar su objetivo. El objetivo es decidir una alternativa estratégica que asegure la posición de la organización y permita mantenerla. Una vez completada la gran estrategia, planteamos alternativas estratégicas que consideramos factores críticos de éxito. Comprender nuestros factores críticos de éxito nos ayudaría a mejorar las operaciones, asumir responsabilidades adicionales y considerar hasta qué punto nos centramos en los problemas. A continuación se exponen los factores críticos de éxito basados en el análisis de pares emparejados y la agrupación de grandes estrategias.

KHM seguirá siendo un movimiento de fundación de iglesias que fundará iglesias y establecerá escuelas en todas las regiones de Liberia en cumplimiento del mandato de preparar a nuestra generación para conocer, honrar y temer a Dios. Como tal, debemos promover un buen liderazgo en todos los niveles para mejorar la confianza, la transparencia y la integridad. Un liderazgo bueno y eficaz suele conducir a un ministerio de calidad y digno de confianza. Debemos centrarnos en la retención de un personal altamente cualificado y motivado. La retención de personal debidamente cualificado es fundamental para nuestra habilidad para llevar a cabo la visión central. Es importante que llevemos a cabo una buena gestión financiera de KHM. Para tener una gestión financiera sólida, debemos asegurarnos de mantener nuestro balance bajo para atraer la financiación adecuada para operaciones continuadas e inversiones futuras.

Debemos mantener nuestra asociación con las iglesias con sede en EE.UU., pero seguir centrándonos en las iniciativas locales para el sostenimiento del trabajo en Liberia. La financiación estadounidense debe considerarse a corto plazo. Si queremos que el trabajo en Liberia se sostenga adecuadamente, debemos apoyar el trabajo localmente. Debemos seguir siendo un organismo autónomo, autofinanciado y autopropagador. Políticamente, el ministerio como cuerpo no mantendrá lealtad partidista a ningún partido político para que la influencia del evangelio para alcanzar a todos no se vea comprometida.

En el cumplimiento de la gran comisión de nuestro Señor Jesucristo, es imperativo que alcancemos a todos sin importar la persuasión política. Como ministerio, no promoveremos ningún partido político. Debemos imponer una comunicación efectiva en todos los niveles del ministerio porque la falta de comunicación a menudo conduce a direcciones mal entendidas y prioridades equivocadas. Debemos esforzarnos constantemente por salvar la brecha generacional y hacer avanzar rápidamente el Evangelio mediante el uso de la tecnología. El secretariado debe asegurarse de que distribuimos adecuadamente los recursos para mejorar el trabajo porque la insatisfacción es un caldo de cultivo para la falta de progreso. Hay que hacer todo lo posible para minimizar la insatisfacción.

Las alternativas estratégicas desarrolladas sobre la base de nuestros objetivos a largo plazo nos ayudarán a generar la cultura adecuada y a crear una atmósfera de apropiación en la que se soliciten y valoren las aportaciones en todos los niveles de la organización. Las alternativas estratégicas son factores críticos de éxito porque nos permiten establecer puntos de referencia junto con objetivos a corto y largo plazo que son mensurables y pueden conducir a la competencia. El diagrama siguiente detalla cómo se vinculan el análisis SWOT, los factores críticos de éxito y los objetivos estratégicos. El diagrama pretende mostrar un patrón de cómo la organización o la iglesia local pretende alcanzar sus factores críticos de éxito y sus objetivos estratégicos.

SWOT Analysis Strengths:	Critical success factors	Long-term objectives affected (number)
United, committed and skilled work force.	Retention of highly qualified and motivated work force	Numbers 1-6
Strong emphasis on keeping the vision in focus.	Continue to be a church-planting movement in fulfillment of the mandate to prepare our generation to know, honor, and fear God.	Numbers 1-6
Regular and consistent trainings.	Retention of highly qualified and motivated work force	Numbers 1, 4, 6
Good accountability and stewardship	Operate KHM under sound financial management.	Numbers 1, 2, 5
Evolving good leadership at the local level	Promote good leadership at all levels to enhance trust, transparency, and integrity.	Numbers 1-6
Adequate Resources to help advance the work	Properly distribute resources to enhance the work	Numbers 1-6
The use of technology.	Bridge the generational gap and speedily advance the gospel	Numbers 1-6

SWOT Analysis Strengths:	Critical success factors	Long-term objectives affected (number)
United, committed and skilled work force.	Retention of highly qualified and motivated work force	Numbers 1-6
Strong emphasis on keeping the vision in focus.	Continue to be a church-planting movement in fulfillment of the mandate to prepare our generation to know, honor, and fear God.	Numbers 1-6
Regular and consistent trainings.	Retention of highly qualified and motivated work force	Numbers 1, 4, 6
Good accountability and stewardship	Operate KHM under sound financial management.	Numbers 1, 2, 5
Evolving good leadership at the local level	Promote good leadership at all levels to enhance trust, transparency, and integrity.	Numbers 1-6
Adequate Resources to help advance the work	Properly distribute resources to enhance the work	Numbers 1-6
The use of technology.	Bridge the generational gap and speedily advance the gospel	Numbers 1-6

SWOT Analysis Opportunities:	Critical success factors	Long-term objectives affected (number)
Property acquisition as the cost at this time is very reasonable.	Properly distribute resources to enhance the work	Numbers 1, 4, 5
Investment is farm lands and farming equipments.	Maintain our partnership with US-based churches but keep our focus on local initiates for the sustenance of the work in Liberia	Numbers 1-6
Sports ministry to reach the many young and former combatants.	Bridge the generational gap and speedily advance the gospel	Numbers 1-6
The use of technology.	Bridge the generational gap and speedily advance the gospel	Numbers 1, 5, 6
Feeding programs for children who are less fortunate as we emerge out of war.	Properly distribute resources to enhance the work	Numbers 1, 5, 6
Establishing of old folks homes as many people lost their homes and do not have much room to cater efficiently to their old folks.	Promote good leadership at all levels to enhance trust, transparency, and integrity.	Numbers 1-6

SWOT Analysis Threats:	Critical success factors	Long-term objectives affected (number)
Lack of attractive salary to maintain qualified staffs	Retention of highly qualified and motivated work force	Numbers 1-6
Lack of social activities to keep the young people.	Bridge the generational gap and speedily advance the gospel	Numbers 1-4
Lack of transportation to travel outside of Monrovia.	Properly distribute resources to enhance the work	Numbers 1, 4, 5, 6
Economic uncertainty	Operate KHM under sound financial management	Number 5

Las cifras que figuran bajo los objetivos a largo plazo afectados hacen referencia a los objetivos a largo plazo ya establecidos y anteriormente figurados en este capítulo. No obstante, en aras de la claridad y para facilitar la consulta a quienes deseen utilizar este documento como guía, a continuación se vuelven a figurar los objetivos a largo plazo del KHM.

1. KHM es y continuará siendo un movimiento de fundación de iglesias que establecerá iglesias y escuelas en cada región de Liberia en cumplimiento de su mandato de preparar a cada generación para conocer, honrar y temer a Dios.

2. KHM continuará siendo un organismo autónomo, autofinanciado y autopropagador.

3. Políticamente, KHM no mantendrá ninguna lealtad a ningún partido político, para que la influencia del evangelio para alcanzar a todos no se vea comprometida.

4. Recoger la cosecha de los últimos tiempos mientras aún está lista por medio de la evangelización a nivel estratégico, tal como se describe en el manual de fundación de iglesias.

5. Operar KHM bajo una sana administración financiera.

6. Establecer en los próximos cinco años (2005-2010) diez iglesias y dos academias.

Hoja de Ruta Estratégica de KHM

Una hoja de ruta estratégica hace cuatro cosas. Ayuda a la organización a alinear sus estrategias con la visión y los objetivos a largo plazo. Ayuda a las organizaciones a fijar los hitos que les permitirán hacer realidad su visión. Ayuda a la organización a definir sus alternativas estratégicas y los objetivos correspondientes que potenciarán la realización de su visión. Y define las iniciativas estratégicas que la organización debe emprender para consolidar su posición dentro de la comunidad. Tras elaborar el plan estratégico de Kingdom Harvest Ministries, utilizamos la hoja de ruta como estrategia de ejecución. Al utilizar la hoja de ruta como estrategia de ejecución, tenemos la certeza de que las estrategias están alineadas con la visión del ministerio. La hoja de ruta como estrategia de ejecución nos permite fijar hitos que pueden ayudarnos a poner en práctica la visión, así como definir las iniciativas estratégicas que tenemos que emprender para consolidar nuestra posición en la comunidad. Desde la elaboración del plan estratégico en 2005, hemos revisado y actualizado la hoja de ruta estratégica dos veces, en 2007 y 2008. A continuación figura un extracto de la hoja de ruta revisada en 2008. La hoja de ruta real está hecha en PowerPoint con un formato ligeramente diferente al que se presenta a continuación.

Revised KHM Strategic Road Map for 2009-2010

Strategy # 1: Establish 10 churches by 2010
KHM would have established 7 churches by the end of 2008. We would be left with 3 more churches and 2 more years to reach our church planting goal for the time indicated.
The goal:
Trained Man power as leaders for the churches to ensure a healthy disciple-making church.
Actions required to meet strategic plan # 1
1. Operate School of Missions (a short term, customized church planting and discipleship training for man power development)
A. **What are the strategic initiatives?** Create criteria for those who should attend the school of missions. Urge local pastors to spot potential gifting and calling. Find and train leaders on the field. Operate two School of Missions on the DuPort Rd at Mountain of Praise and at Praise Sanctuary, the headquarters church.
B. **Accountability (who is responsible):** The Senior Pastors of Praise Sanctuary and Mountain of Praise
C. **Milestones/Indicators:** Identify potential calling & recruit for the SOM. Develop curriculum for the school of mission by 08/25/08. Start the SOM by 08/30/08.
D. **Time frame:** 1st session 08/30/08 to 10/31/08. Visitation of new areas for church planting every Saturday with students

Strategy # 1: Establish 10 churches by 2010
KHM would have established 7 churches by the end of 2008. We would be left with 3 more churches and 2 more years to reach our church planting goal for the time indicated.
The goal:
Trained Man power as leaders for the churches to ensure a healthy disciple-making church.
Actions required to meet strategic plan # 1
Appoint a Field Coordinator to work with those assigned to the new churches
A. **What are the strategic initiatives?** The Field coordinator will serve as liaison between the Dept. of Missions and the newly assigned pastors. The Field Coordinator will ensure that the needs of the new churches are met in a timely manner.
B. **Accountability (who is responsible):** The Director of Missions
C. **Milestones/Indicators:** Completion of 1st phase of School of Missions Church Planting Workshop to be held by 11/08 New church(es) to be planted beginning 11/08
D. **Time frame:** Expectations and Job description for the position of Field Coordinator to be completed by 10/15/08. Appointment of Field Coordinator by 10/25/08

Strategy # 2: Establish two new academy schools by 2010
We agreed to make assessment for two new schools.
Our aspiration is to start two new schools by 2010.
The goal:
To meet the strategic objective of providing sound education with a Biblical foundation
Actions required to meet strategic plan # 2
#1. Structural Identifications: We must identify the level at which the schools will be initially operated. We must also identify the infrastructural needs and the locations of the new schools.
What are the strategic initiatives?
A. For quality and excellence, and to meet governmental requirements as well as financial prudency, it would be best to initially operate the new schools at the elementary division. B. Lease or erect a structure as new government regulations reject operating academy schools in church edifice. C. Primarily focus on Rivercess and Margibi counties. If possibility does not exist focus on any of the churches within the vicinity of Monrovia.
Accountability (who is responsible):
The Local Pastors within the designated areas and the Director of Education with special assistant from the Administration of Kingdom Harvest Academy.
Milestones/Indicators:
A. Completion of assessment at the Tower Hills Fellowship in Lower Margibi and the two churches in River Cess County B. Submission of recommendations to KHM Secretariat C. Assessment and recommendations from other churches within the vicinity of Monrovia
Time frame:
Completion of all assessments by 12/08
Submission of all recommendations to the Secretariat by 03/09
Strategy # 2: Establish two new academy schools by 2010
We agreed to make assessment for two new schools.
Our aspiration is to start two new schools by 2010.
The goal:
To meet the strategic objective of providing sound education with a Biblical foundation
Actions required to meet strategic plan # 2
#2. Identification of Administrative staffs: The Secretariat in consultation with the Director of Education will hire the administrative staffs. The Administrator will directly hire all instructional and support staffs in collaboration with the local church leadership.
What are the strategic initiatives?
A. Primarily, the ideal candidates should come from within the KHM circle. B. If no one from KHM is available, seek qualified administrators from the community in which the school is to be operated.
Accountability (who is responsible):
The Secretariat, Director of Education and the Local church Pastors of the community in which the school is to be operated.
Milestones/Indicators:
The Director of Education to set criteria for qualification. The Secretariat to develop job descriptions for all administrative staffs. The Secretariat to hire & assign administrators.
Time frame:
Criteria for qualification to be ready by 12/08. Job descriptions to be ready by 03/09 Administrators to be hired and assigned one month before the start of school

Strategy # 3: Operate KHM under sound financial management
The present financial set-up calls for a direct deposit of all funds collected and that all spending be done through the invoice system.
The goal:
Ensuring that every fund collected is properly accounted for and spent for the intended purpose so as to meet our strategic goal of properties acquisition, investment in farming projects, and putting in place a better incentive package to attract and retain qualified staffs at all levels of the organization.
Actions required to meet strategic plan # 3
A. Every local church to make monthly financial reports to congregation & quarterly reports to KHM Secretariat.
B. All KHM schools to make quarterly financial reports to local school board and semi-annual financial reports to the Secretariat.
What are the strategic initiatives?
The secretariat to audit each report to ensure proper accountability and determine proper (NOT EQUAL) distribution or allocation of resources.
Accountability (who is responsible):
The Director of Finance
Milestones/Indicators:
A. Each local church to hire a full time book keeper.
B. Each new church to deposit funds with Mother church for 6 months, then open own account.
Time frame:
Every church that does not have a bank account to open one by 10/08.
Anytime a new church is established
Strategy # 4: Ensure that each entity is autonomous, self-financing, and self-propagating.
Undertake business ventures for self-sustainability.
Acquired and cultivated farm lands.
Use local tools to cultivate the acquired farm lands.
Create the avenue for entrepreneurship.
The goal:
Keep our focus on local fund raising initiatives other than tithes and offerings. To keep the ministry solvent so that we can truly be a church planting movement that can adequately provide spiritual, educational, and medical supports within Liberia.
Actions required to meet strategic plan # 4
#1. Operate internet café and after school computer classes for the general public
What are the strategic initiatives?
A. Operate the café with a computer school after the normal academic session week days and 6am-9pm Saturdays.
B. Keep equipments updated, & ensure proper maintenance.
C. Strategize expansion of the café and school
Accountability (who is responsible):
The Administration of Kingdom Harvest Academy
Milestones/Indicators:
A. Shop around with internet service providers for best options & services.
B. Set up café when container arrives from USA
C. Hire caretakers and teachers
D. Expand café and invest into another business
Time frame:
A. Deadline for window shopping and recommendations for ISP is August 25, 2008.
B. Start the operation of the café one week after all equipments are set up and tested.
C. Within one year of operation, percentage of proceed should be invested into another business.

Strategy # 4: Ensure that each entity is autonomous, self-financing, and self-propagating.
Undertake business ventures for self-sustainability.   Acquired and cultivated farm lands.   Use local tools to cultivate the acquired farm lands.   Create the avenue for entrepreneurship.
The goal:
Keep our focus on local fund raising initiatives other than tithes and offerings.   To keep the ministry solvent so that we can truly be a church planting movement that can adequately provide spiritual, educational, and medical supports within Liberia.
Actions required to meet strategic plan # 4
#2. Operate rental car service and do regular maintenance every three months and specific maintenance as needed on the cars
What are the strategic initiatives?
A. The Secretariat to rent one of the three donated vehicles weekly   B. Praise & DuPort Rd to rent their assigned vehicles at least twice a week   C. Each entity to ensure proper maintenance of vehicles
Accountability (who is responsible):   The Secretariat   The deacons and Elders at Praise & DuPort Rd
Milestones/Indicators:
A. Shipment received from USA and cleared from Port of Monrovia   B. Set up guidelines for rental service   C. Hire drivers   D. Within one year of operation, percentage of proceed should be invested into another business.
Time frame:
A. If all goes well, shipment should be received and cleared anytime before 12/31/08   B. Guidelines for rental service by all entity concerned should be ready by 10/31/08   C. Drivers should be hired when vehicles are ready   D. Percentage of proceed should be invested into another business by 12/31/09
Strategy # 4: Ensure that each entity is autonomous, self-financing, and self-Propagating.
Undertake business ventures for self-sustainability. Acquired and cultivated farm lands. Use local tools to cultivate the acquired farm lands. Create the avenue for entrepreneurship.
The goal:
Keep our focus on local fund raising initiatives other than tithes and offerings. To keep the ministry solvent so that we can truly be a church planting movement that can adequately provide spiritual, educational, and medical supports within Liberia.
Actions required to meet strategic plan # 4
#3. Every local church should identify and operate either a farm or another project as an additional source of income.
What are the strategic initiatives?
A. Each local church to raise the money, (if farming) acquire and cultivate the land.

B. Identify, plant and harvest the crop; develop marketing strategy and sell produce.
C. 40% of proceed to be given to the Secretariat for church planting purposes and 60% to be used by the local church as desired.

Accountability (who is responsible):
The Senior Pastors and leadership team of each local church.

Milestones/Indicators:
A. Each local church to identify project and submit proposal to the Secretariat
B. For farming projects, each church to acquire land before the farming season
C. Each local church to submit proposal of how funding for the project will be raised to the Secretariat
D. Fund raising programs to be held by each church solely for the identified project.
E. Land to be cultivated and crop planted during the specific crop farming season
F. Develop marketing strategy and initiatives before harvesting & selling the produce

Time frame:
A. Projects proposals to be submitted to Secretariat by 10/31/08
B. Farm lands to be either identified and/or acquired by 11/30/08
C. Fund raising proposals to be submitted to Secretariat by 08/30/08
D. Fund raisers to be held between 09/01/08 to 11/30/08
E. Land to be cultivated and crop planted during the specific crop farming season in 2009.
F. Marketing initiatives and strategy to be developed by 02/15/09.

Bibliografía

Addleson, M. "Resolving the Spirit and Substance of Organizational Learning."*Journal of Organizational Change Management* 9, no. 1 (1996): 32. Retrieved November 18, 2006 from the University of Phoenix ERR page.

Allison,M."Into the Fire: Boards and Executive Transitions." *Nonprofit Management & Leadership* 12, no. 4 (2002).

Back, K. M. "Project Performance: Implications of Personality Preferences and Double Loop Learning."*Journal of American Academy of Business*, 4, no. 1 (2004): 292, 6p.

Banerji, P. and V. Krishnan. *Leadership and Organization Development Journal* 21, no. 8 (2000): 405.

Bass,B.M. *Leadership and Performance Beyond Expectations.* New York, NY: Free Press, 1985.

Bass, B. M. *Bass & Stogdill's Handbook of Leadership.* 3rd ed. New York: Free Press, 1990.

Barclay, W."A Comparison of Paul's Missionary Preaching and Preaching to the Church." In *Apostolic History and the Gospel. biblical and Historical Essays Presentedto F. F. Bruce.* Exeter: The Paternoster Press, 1970.

Becerra-Fernandez, I., A. Gonzalez, and R. Sabherwal. *Knowledge Management: Challenges, Solutions and*

Technologies. Upper Saddle River, NJ: Pearson Education, Inc., 2004.

Block, P. *Flawless Consulting.* 2nd ed. John Wiley & Sons Inc., 2002.

Burke, R. "Culture's Consequences: Organizational Values, Satisfaction and Performance. *Empowerment in Organizations,* 3(2) (1995): 19–24. Retrieved November 18, 2006 from EBSCOhost database.

Burns, M. K. "Using Curriculum-Based Assessment in Consultation: A Review of Three Levels of Research." *Journal of Educational & Psychological Consultation* 15 no.1 (2004): p63, 16p.

Conger, J. "Charismatic and Transformational Leadership in Organizations: An Insider's Perspective on These Developing Streams of Research." *Leadership Quarterly* 10, no. 2 (1999): 145.

Dalton, A. "Human Capital." *p.m.Network* 20(8) (2006): 70–75. Retrieved November 18, 2006 from EBSCOhost database.

Davis, M. et al. "Reflecting on the experience of interviewing online: perspectives from the Internet and HIV study in London." *AIDS Care* 16, no. 8 (2004): p944, 9p.

Drucker, P. F. "What Makes an Effective Executive?" *Harvard Business Review* 82, no. 6 (2004).

Ekman, B. and E. Giangregorio. "Establishing Truly Peak Performing Teams-Beyond Metaphoric Challenges. *Human Resource Management International Digest,* 11 (3), 3 (2003).

Fernandez, I., A. Gonzalez, and R. Sabherwal. *Knowledge Management: Challenges, Solutions, and Technologies.* Upper Saddle River, NJ: Prentice- Hall, 2004.

Gautschi, T. F. "How to Work with a Micro-Manager." *Design News* 49(9), 156 (1993). Retrieved November 18, 2006 from EBSCOhost database.

Gecker, R. "You Better Recognize." *Business Source Premier* 36, no. 9 (2003).

Goldman, A. I. *Knowledge in a Social World.* Oxford: Oxford University Press, 1999.

Gray. *Project Management: The Managerial Process.* 2nd edition. New York: McGraw Hill 2002.

Greco, M. et al. "Evaluation of a Clinical Governance Training Programme for Non-Executive Directors of NHS Organisations." *Quality in Primary Care Radcliffe Medical Press* 12, no. 2 (2004): 119, 9p.

Happ, M. B. et al. "Event Analysis Techniques." *Advances in Nursing Science* 27, no. 3 (2004): 239, 10p;

Harrison, B. "The Nature of Leadership: Historical Perspectives & the Future. *Journal of California Law Enforcement* 33(1) (1999): 24–30.

Kanter, R. M. "The Middle Manager as Innovator." *Harvard Business Review* 82, no. 7 (2004).

King, C. R. "Cautionary Notes on Whiteness and Sport Studies." *Sociology of Sport Journal* 22, no. 3 (2005): 397, 12p. AN 18184098. Retrieved July 23, 2006 from EBSCOhost database.

Kirby, G. R. and J. R. Goodpaster. *Thinking.* 3rd ed. Upper Saddle River, NJ: Prentice Hall, 2002.

Kopeikina, L. "Lead with Clarity: How to Make Effective Decisions." *Cost Engineering* 48, no. 2 (2006): 7–8, 2p.

Kosmin, B. A. and A. Keysar. *American Religious Identification Survey.* 2009.

Kreman, L. J. *Employee Empowerment Journal of Property Management* 68, no. 3 (2003).

Lawlor, A. "Week Three Lecture." LDR/711. Course-Materials Newsgroup. 2006. Retrieved April 26, 2006 from the UOP Doctoral site.

Lawlor, A. "Week Four Lecture." LDR/711. Course-Materials Newsgroup. 2006. Retrieved May 3, 2006 from the UOP Doctoral site.

McKernon, S. "The PoMo in You." *NZ Marketing Magazine* 21(1) (2002): 10.

Mika, V. S. et al. "The ABCs of Health Literacy." 28, no. 4 (2005): 351–357. Retrieved November 2, 2006 from ProQuest database.

McGill, Tanya. "The Effect of End User Development on End User Success." *Journal Of Organizational And End User Computing* 16(1) (2004): 41–58. Retrieved December 14, 2004 from ABI/INFORM Global database. Document ID: 533172481.

Moser, P. K. and A. Vander Nat, eds. *Human Knowledge: Classical and Contemporary Approaches.* 3rd ed. New York: Oxford University Press, 2002.

Olson, D. T. *The American Church in Crisis: Groundbreaking Research on a National Database of Over 200,000 Churches.* Zondervan. 2008.

Organization and Management Theory Conference Paper Abstracts. *Academy of Management Proceedings* (2003): p1, 77p. Parks, B. "The World of Business in 2020." *Business 2.0* 5(3) (2004): 119–124.

Pauleem, D. "Leadership in a Global Virtual Team: An Action Learning Approach." *Leadership & Organization Development Journal* 24, no. 3 (2003): 153.

Phillips, J. "Paradigms of reading: Relevance Theory and Deconstruction/Close Reading: The Reader (Book). *"European Journal of English Studies* 8, no. 1 (2004): 138–144, 7p. AN 14734340. Retrieved July 24, 2006 from EBSCOhost database.

Power, M. "Anti-Racism, Deconstruction and Overdevelopment." *Progress in Development Studies* 6, no. 1 (2006): p24–39, 16p. Retrieved July 23, 2006 from EBSCOhost database.

Ray, T. "Cultural Sensitivity a Must in Global World." *Montgomery Advertiser.* (2004). Retrieved November 14, 2006 from www.montgomeryad-vertiser.com.

Rezak, C. J. *Playing for Keeps* 58, no. 10 (2004): p93–94, 2p.

Ruggiero, V. R. *Beyond Feelings: A Guide to critical think-ing.* 7th ed. Boston: McGraw Hill, 2004.

Sarup, M. ***An Introductory Guide to Post-Structuralism and Postmodernism***. Athens, GA: University Georgia Press, 1993.

Schaeffer, L. D. "The Leadership Journey." *Harvard Business Review* 80, no.10 (2002).

Schwarze, S. and H. Lape. *Thinking Socratically: Critical Thinking About Everyday Issues.* Upper Saddle River, NJ: Prentice Hall, 2001.

Scott, W. R. and G. F. Davis. *Organizations and Organizing: Rational, Natural, and Open Systems Perspectives.* Prentice Hall. Pearson Education, Inc., 2007.

Stetzer, E. "Finding New Life for Struggling Churches." *Journal of the Southern Baptist Convention* February/March Issue (2010).

Summers, D. J. et al. "Deconstructing the Organizational Behavior Text." ***Journal of Management Education*** 21(3) (1997): 343–360.

Tichy, N. M. and E. Cohen. *Why Are Leaders Important in Business Leadership: A Jossey-Bass Reader.* San Francisco: Jossey-Bass, 2003.

Weiskittel, P. "The Concept of Leadership." ***ANNA Journal***, 26(5) (1999): 467.

Whalen, T. and S. Samaddar. "Post-Modern Management Science: A Likely Convergence of Soft Computing and Knowledge Management Methods. *Human Systems Management,* 20(4) (2001): 291.

Wren, D. A. *The Evolution of Management Thought.* 5th ed. New York: John Wiley & Sons, 2004.

Wycoff, J. *The Big Ten Innovation Killers and How to Keep Your Innovation System Alive and Well.* 2004. Retrieved May 25, 2008 from http://www. thinksmart.com.